这样定规矩
孩子才愿听

换种方式面对孩子的不解和对抗

融合了爱与沟通技巧的家教枕边书

风 影————————著

SPM

南方出版传媒

新世纪出版社

· 广州 ·

图书在版编目（CIP）数据

这样定规矩，孩子才愿听 / 风影著 . — 广州：新
世纪出版社，2018.8（2019.8 重印）

ISBN 978-7-5583-1210-6

Ⅰ . ①这… Ⅱ . ①风… Ⅲ . ①儿童教育－家庭教育
Ⅳ . ① G781

中国版本图书馆 CIP 数据核字（2018）第 109139 号

出 版 人：姚丹林		策　　划：马剑涛	
责任编辑：佘 尧		装帧设计：润和佳艺	

这样定规矩，孩子才愿听

风　影　著

出版发行：新世纪出版社

经　　销：全国新华书店

印　　刷：大厂回族自治县彩虹印刷有限公司（河北省廊坊市大厂县夏垫镇政府北侧）

规　　格：880mm×1230mm　1/32

印　　张：7

字　　数：191 千字

版　　次：2018 年 8 月第 1 版

印　　次：2019 年 8 月第 2 次印刷

书　　号：ISBN 978-7-5583-1210-6

定　　价：45.00 元

如发现印装质量问题，影响阅读，请联系调换：

北京广版新世纪文化传媒有限公司

服务热线：010-65542969

一说到规矩，人们脑海中常常会出现"听话"这个词，这往往是长辈对孩子所说次数最多的一个词语。几乎没有父母会因为孩子不听话而感到高兴，相反会为孩子的听话而感到自豪。他们在"晒"自己的孩子的时候，通常都会夸孩子如何乖巧懂事，对父母的话总是言听计从。而对于那些调皮、不听话的孩子，他们往往会冠以"熊孩子"的称号。"听话"俨然成了好孩子的标准。那么，那些"熊孩子"一定就是让人讨厌的坏孩子，而那些处处顺从的孩子，就一定是各方面都比较优秀的好孩子吗？

未必如此。教育专家对此表示，一味听父母话的孩子不一定是"好孩子"，他们只是在成年人的"操纵"下被"成人化"了的缺少童真的孩子，但现代社会并不需要这样的"好孩子"。这样的孩子往往因循守旧，缺乏创新意识和创造能力，仅仅按照家人的要求或借鉴长辈的生活经验来生活。但是现代社会呼唤创新型人才，这些听话的孩子往往很难在社会上取得一番大的成就。

　　因此，在现代社会，"好孩子"的标准也应该被赋予时代特征。有人认为，除了具有良好的品德、过人的才智、健康的心理等基本条件之外，"好孩子"还应具有创造精神和创造力、较强的社交能力、鲜明的个性特征以及较灵活的应变能力。

　　于是，在时代的召唤下，一大批"熊孩子"时来运转，他们聪明机灵，小脑瓜里常常涌现出许多新奇的想法。然而，他们调皮捣蛋，不守规矩，到处搞破坏。于是，父母们设立了一系列规矩对他们进行约束。但是，他们常常不服管教，与父母对着干。

　　一些父母认为孩子听大人的话是天经地义的事，他们更信奉"棍棒底下出孝子""三天不打，上房揭瓦""不打不成器"的古训，于是就经常对孩子非打即骂。但是，打骂真的是"驯服"孩子的最佳方法吗？

　　国外行为学专家经研究发现：如果父母只要发现孩子犯错误就非常生气，对其大声斥责，甚至打骂，长此以往，孩子对训斥的耐受力会逐渐提高，对父母平常的训斥渐渐就会形成一种无所谓的态度。因此，通过打骂的方式来教育孩子，不但不能让孩子心服口服，还会使他们产生抵触情绪，更加叛逆。同时，这种教育方式还会使孩子感受不到家庭的温暖，遇到挫折可能会离家出走，如果被坏人利用，很可能走上犯罪的道路。

相比较而言，有些父母就比较民主，他们从来不刻意要求自己的孩子听话。他们与孩子之间是一种平等尊重的关系，孩子处于宽松自由的环境中。比如，孩子小的时候，把鞋穿反了，这时这些父母通常不会直接说"你的鞋穿反了，快把它换过来"，而是问孩子"你这样穿鞋，脚舒服吗？"如果孩子说舒服，他们就会让孩子继续这样穿着，直到他们感觉不舒服自己换回来。而大多数父母通常会直接要求孩子换回来，或者亲自帮孩子换回来。这种现象表明，实际上，大多数父母和孩子还是一种管教和被管教的关系。

时代在变，父母的教育方式也要跟着改变。如果父母按照旧的教育方式来管教当今社会的"熊孩子"，注定会失败。因此，父母要试着改变自己"家长独尊"的作风，与孩子平等、和平相处，相互尊重，相互理解，建立新型的亲子关系。基于这个教育理念，本书从理论和实战两方面帮助父母与孩子建立良好的亲子关系，让孩子理解父母所定规矩背后的良苦用心，从而乐于接受父母的指导。

本书分为上、下两篇。上篇是理论篇，分为四章，着重介绍为孩子设立规矩的理论知识，包括设立规矩的意义、如何设立规矩以及如何有效执行规矩，这些会为父母教育子女提供理论依据和行动指南。下篇是实战篇，分为六章，从日常生活的方方面面教会家长设立规矩，并让孩子积极配合，执行规矩。不管是孩子的日常生活作息、学习、室内娱乐，还是外出游玩，在书中都能找到对应的设立规矩的方法及执行要领。另外本书还专门讲述了如何培养孩子的社交能力及良好性格，这些对于孩子未来的发展有举足轻重的作用。每章的最后，还为各位读者列出了相应的设立规矩的贴心小妙招，以供大家参考。

最后，希望本书能帮助各位父母找到正确的与孩子相处的方式，从而培养出一个懂事、守规矩的优秀的孩子。

\\\\\\\\\\\\\\\\\\\\\\\\\\\\\\\\\\\\\ **目录**

上

理论篇

下

实战篇

上

理论篇

　　常言道："十年树木，百年树人。"孩子就像一棵小树，父母就是培育小树成材的园艺师。父母需要对其投注百分之百的精力，不但为其施肥浇水，还要为其修剪枝杈，让其成长为一棵参天大树，将来成为栋梁之材。这就是说，父母的爱并不是没有条件、没有原则的爱。对于孩子不当的言行，父母应立下规矩，帮助孩子改正。那么，怎么制定规矩，孩子最愿意听呢？这就需要科学的、正确的理论指导父母的行为。

——◆ 第一章 ◆——

没有规矩不成方圆——要"爱"但不要"溺爱"

父母每当听到别人指责自己的孩子是"熊孩子""没有规矩"时，都会觉得这些话格外刺耳，自己也会脸红尴尬，恨不得带着孩子逃离那个地方。他们常常后悔，自己没有早一点给孩子立下规矩，才使孩子变成今天的模样。是的，管教孩子要趁早。在爱的道路上，父母应该尽早给自己顽劣的"小孙悟空"戴上"紧箍"，让他成为人见人爱的"小天使"。

尽早立规矩，不吃后悔药

对于"熊孩子"，相信大家都不陌生。"熊孩子"几乎随处可见，特别是在公共场所。他们仿佛自带光环，永远是万众瞩目的焦点。他们不是大声喧哗，就是上蹿下跳，有时还会拉拉陌生人的衣服，调皮得像只猴子。大多数人对其视而不见，认为这些不过是小孩子的恶作剧罢了，没什么大不了的。

还有一些孩子，他们在家就是小霸王，想干什么就干什么，家里到处都是他们的涂鸦作品。他们的玩具、学习用品到处乱丢，房间乱得一团糟。父母稍微批评一下，他们就会又哭又闹，倒地撒泼，等着父母来哄。

"熊孩子"的"本领"还不止这些，这只是一些皮毛而已。父母为此大伤脑筋，他们永远无法预测到孩子下一秒又会做出什么令人无法容忍的举动，最后还不得不为孩子的这些行为埋单。

"熊孩子"有很多种，但他们有一个共同的称号——"麻烦制造机"。父母在为孩子处理这些麻烦的时候，有没有想过：孩子这样真的好吗？他们或许认为孩子还小，长大后自然就会规规矩矩。这样纵容的态度，往往会带来更严重的后果。

有一对极有教养的夫妇，他们都是名牌大学的高材生。丈夫开了一家公司，事业做得风生水起。妻子在事业单位上班。他们的孩子多多从小就是父母手心里的宝，再加上爷爷奶奶、外公外婆的娇惯，就成了一个不折不扣的"捣蛋鬼"。

多多在3岁的时候，就是一个"没规矩"的孩子。在家里，他最大的"爱好"就是在客厅的地板和墙壁上乱涂乱画，客人们时常能欣赏到他的"新作"。他的父母为此常常大动肝火，但是多多却在父母喊"停"之后，疑惑地看着他们，然后回复一个撒娇的笑脸之后，继续完成他的杰作。当看到父母扬起巴掌时，他只要往爷爷奶奶或外公外婆身后一藏，就躲过了一场"灾难"。

不仅在家，多多在幼儿园里也是一个危险的"捣蛋分子"。因为不管是在上课时间，还是在课外活动时间，他总是闲不下来，一会儿用拳头对小朋友搞"突然袭击"，一会儿东张西望，找人聊天。有时他还会拿别的小朋友的玩具，不管别人是否允许，而且把玩具玩坏了，连句道歉的话都没有。有一次，多多还拉前面女生的小辫子。为此，多多的父母没少接到幼儿园老师和家长的投诉电话，不是说他不遵守课堂纪律，就是说他欺负别的小朋友。

总之，只要幼儿园里有什么"不和谐"的事发生，总有多多的身影。最后，幼儿园园长只能通知多多的父母给孩子办转学手续。这时，多多的父母才意识到事情的严重性。

　　人们常说："没有规矩不成方圆。"这句话有一定的道理，如果每个小朋友都像多多一样，那家庭、幼儿园，乃至整个社会都将成为一盘散沙，毫无秩序可言。另外，如果孩子从小就没有守规矩的意识，他就不会懂得为人处世的界限，也不会自律，更不会对自己的情绪和行为负责。这将给孩子的成长带来诸多负面影响，会影响孩子的学习、工作，甚至孩子一生的幸福。因此，给孩子设立规矩要趁早。

　　每一对父母都是疼爱孩子的，但不要把"疼爱"变成"溺爱"，如果不忍心管教孩子，孩子只能在错误的道路上越走越远。这样的父母是不称职的。俗话说"子不教，父之过"，管教孩子是父母的天职，无论是循循善诱，还是疾言厉色，都是爱孩子的表现。

规矩一旦设立，不容轻易破坏

很多时候，孩子会随意破坏父母设立的规矩，试探甚至挑战父母的忍耐限度，就像下面这个案例中的瑶瑶一样。

瑶瑶是一个漂亮可爱的小姑娘，她的父母把她当作掌上明珠，对她百依百顺。尤其是妈妈，经常给她买漂亮的衣服，给她梳漂亮的小辫，把她打扮得像一个小公主。久而久之，她还真把自己当成了小公主，对父母颐指气使，呼来喝去，稍有不顺心，就发小公主脾气。为了改变瑶瑶这种骄纵的个性，她的父母为她设立了一些规矩，里面有一系列的奖罚措施。瑶瑶一看奖励措施还挺多，就同意了父母的做法。

有一天，她对妈妈说道："我今天整理了床铺，您答应奖励我一样东西，我们现在就去买吧。"于是，妈妈就和她去了附近的超市。当她们买完一样零食准备回家的时候，瑶瑶发现了一个好玩的玩具，非要妈妈将它买回家。妈妈说："我们说好的，只奖励一样

吃的，不能随意改哦。"可是瑶瑶不依不饶，她哭着说："我就要买这个玩具！我就要！"不一会儿，瑶瑶的哭声吸引了许多人围观。瑶瑶的妈妈瞬间脸涨得通红，她假装生气地说："说不买就不买，今天只能买一样！"可是瑶瑶并不理会，还是在原地哭泣。

于是，瑶瑶妈妈开启了"惩罚模式"，对她说"如果再哭，一样东西都不买"，并作势要把瑶瑶选好的零食放回去。"小吃货"一看妈妈要动真格，立刻擦干眼泪，说："妈妈，我不要玩具了，给我买这个零食吧。"

孩子年龄虽小，却能捕捉到父母脸上细微的表情变化。就像上面故事中的瑶瑶，她察觉到了妈妈从假生气到真生气的变化，而在妈妈真生气之前，她永远在等待妈妈的妥协。这究竟是怎么回事呢？归根到底是父母执行力的问题（当然，对于孩子生病等特殊情况也可以适当变通）。

父母要明白，规矩里的条条框框不只孩子要做到，他们自己也不能随意更改。父母在执行规矩的过程中不能受情绪的影响，否则孩子就会根据父母的情绪来决定是否按规矩办事。鉴于孩子还小，经常会忘记规矩，而且还不能很好地控制自己的情感和欲望，所以父母有必要不时地提醒孩子，帮助他们记住一些规矩。但是，父母要让孩子知道，父母的提醒并不是退让，也不是要妥协。一旦孩子出现破坏规矩的行为，父母就应该立即照章执行。这样，孩子就会懂得自己的行为会产生什么样的后果，随着时间的推移，他们就会明白遵守规矩的重要性，从而养成自觉按规矩做事的良好习惯，也就会对自己的行为负责。这才应该是父母制定规矩的初衷。

不施"家法"，用对方法是关键

中国自古以来就有"不打不成器""棍棒底下出孝子"的说法，西方也有"spare the rod, spoil the child"（省了棍子，惯了孩子）这样的谚语。

确实，体罚孩子是简单有效的管教方式，但是这种教育方式带来的后果却是人们无法想象的。它容易给孩子幼小的心灵留下难以抹去的阴影。而且它导致现在有的孩子很小就有暴力倾向，一碰到问题就喜欢用拳头说话，最终使事情变得不可收拾。

不知道大家是否听说过"国际不打小孩日"这个节日。这个节日发源于美国，最早是由美国反体罚组织"有效管教中心"在1998年发起的。它的英文名称中"spank"一词俗称"打屁股"，所以也有人将其译为"无巴掌日"或"拒绝体罚日"。这个节日旨在告诉所有父母，在每年的4月30日，无论孩子如何淘气、不听话，父母都不许体罚孩子。

可能有的父母会说："这是外国的节日，并不一定适合中国家

庭。我家孩子调皮得很，一天不打就上房揭瓦。"而且大多数父母认为，当孩子做出一些不良行为时，父母对孩子进行惩罚是天经地义、无可厚非的。但即使这样，父母也要讲究适度原则。父母可以用一种更加温和的方式来教育孩子，同样能起到警示的作用。下面是一位父亲分享的案例。

有一次，我的儿子马克向我借一件藏青色的毛衣，因为他认为，我的这件衣服和他的牛仔裤很搭。我告诉他："我可以借给你，但你要好好地爱护它。"结果，一周以后我想起要穿那件衣服的时候，我竟然发现它藏在马克房间里一堆脏衣服的下面，而且毛衣后面蹭了好多粉笔灰，衣服前面也被溅上了肉酱。

我快被他气疯了，因为这已经不是第一次了。如果马克现在在我面前，我一定会告诉他，我要把周日棒球比赛的票给别人，不和他一起去看了。

马克回到家的时候，我已经平静了许多，但还是很生气。他向我道了歉。一星期后，他又来找我借衣服，这时我直接就拒绝了他："不行！"没有对他进行长篇大论的说教，因为他很清楚这是为什么。

过了一个月，马克因为要参加学校组织的校外活动，又向我借格子T恤衫。我告诉他："我需要一份保证书，以确保我的T恤衫在归还时完好无损。"晚上，我发现了马克留在邮箱里的纸条，上面写着："亲爱的爸爸：如果您把T恤衫借给我，我会想办法不弄脏它。我不会往黑板上靠，也不会把圆珠笔放在口袋里。吃饭的时候，我会用餐巾纸把它遮住。"

他的保证书让我很满意，因为他已经肯花心思写下保证书，那他应该也能做到。

果然，第二天晚上他就把T恤衫还给我了，上面干干净净的。

从这个案例中，我们可以看到，教育孩子的方法有很多。只要用对了方法，不打不骂也能教出一个听话懂事的孩子。

法国作家罗曼·罗兰说："人应当做点错事。做错事，就是长见识。"孩子更不例外，他们成长的过程就是不断犯错误的过程，也是不断改正错误、走向成熟的过程。请父母记住：犯错误是上帝给孩子们的权利，父母要做的就是容忍他们犯错，并帮助他们改正错误，找到正确解决问题的方法。

规矩简单清晰，"信号"要明确

孩子是否有规矩，预示着父母的教育是否成功。因此，许多父母都热衷于给孩子设立一系列的规矩，让孩子去执行。然而，规矩执行得好坏和多方面因素有关。

给孩子定规矩的"信号"就是一个重要的影响因素。如果"信号"不明确，孩子就很有可能无法领悟和接受父母想要传达的东西。事实上，很多父母在和孩子说话或者给孩子定规矩的时候，没有说清楚、说明白。比如，他们在定规矩的时候，说"你要保持房间干净整洁"，可是，年幼的孩子听不懂，他会想："干净整洁是什么意思？"他既然不明白，自然也就无法执行这样的规矩。你可以告诉孩子："你要把床单铺好，把被子叠好，把地面打扫干净，把衣服都叠好放进衣柜里。"这样孩子就能理解什么是"保持房间干净整洁"了，他就知道需要做哪些工作才能达到要求。这样定规矩，孩子乐于接受，也能执行到位。有一些父母说话常常含糊不清，所做的决定模棱两可，结果自己提出来的要求到最后就很难贯彻执行到底。他们在执行规矩的时候嬉皮笑脸，像是在和孩子开玩笑，和孩子在一起放松的时候却板着一张脸……面对这样的父母，孩子们会觉得无所适从，因为他们无法分辨出父母什么时候是认真的，什么时候只是在开玩笑。在这种情形下，父母怎么能奢望孩子可以认真聆听自己说话，并且将自己的话或定的规矩当回事呢？

下面我们来看看麦克的父母是怎么做到的。

麦克总是忘记倒垃圾。虽然他每次都答应去倒，但是如果没有人提醒，他就一次都想不起来这件事。于是麦克的父母决定召开一次家庭会议，讨论一下麦克倒垃圾的问题。麦克再次重申自己能做到。他的妈妈对他说："麦克，我们知道这很容易忘，我们用一个信号来提醒你怎么样？"

麦克很好奇是什么信号。

麦克的父亲告诉他，如果麦克忘记倒垃圾，他们就会把他的空餐碟反过来扣在桌子上。麦克看到了倒扣的餐碟，就应该先去倒垃圾，再吃饭。麦克同意了："好啊，没问题！"

几天后，麦克又忘记倒垃圾了。当他来到餐桌前准备就餐时，看到自己的餐盘倒扣在餐桌上，麦克开始发脾气了。他哭哭啼啼地说："这真是蠢主意！我饿了！我要先吃饭，然后再去倒垃圾！"

麦克的父母继续低头吃饭，不理睬麦克的无理取闹。麦克看没人理他，只好自己擦掉眼泪，跺着脚，拿起垃圾去倒，临出门时还把门摔得震山响。回来以后，他的怒气还没消，把叉子在盘子上摔得噼啪作响。

第二天，麦克没有忘记倒垃圾，并且在吃饭时很开心。

接下来麦克有两个星期都没忘记倒垃圾。两星期后的某一天，当他看见自己的餐盘又一次被倒扣在桌子上的时候，他只是说了声"哎哟"，然后，就自觉地出去倒垃圾了。回到餐桌，麦克把自己的餐盘翻过来，很愉快地和大家共进晚餐。

父母在给孩子设立规矩的时候，要有明确的信号，这个信号可以是一种行为，就像上面案例中倒扣盘子的做法，也可以是父母突然变得严肃的脸。这些都可以使孩子不触碰到父母容忍的底线，明白自己该怎么做才是正确的。

当然，这些信号更多地表现在行动上，而不是语言上。当需要说话时，说得越少越好。当大人们闭上自己的嘴巴，结束喋喋不休的唠叨时，可能规矩执行的效果会更好。

定规矩小妙招：代替惩罚的 7 个技巧

当孩子犯错的时候，父母往往用惩罚的方式来教育孩子。其实，这种方式只适用于惩罚较严重的错误，对于孩子所犯的一般的错误，父母可以用其他的方式来代替惩罚。如果父母总是运用惩罚的方式来教育孩子，那么常常会使孩子萌发出对家长的恨意，而忽略了错误本身。因此，家长要善于控制自己的情绪，并用正确的方法教会孩子懂得规矩。

在现实生活中，"惩罚"是许多父母教育孩子惯用的手段，他们常常感到后悔，同时也感到很无奈，因为除了这"招"，他们根本想不出更好的招数来对付孩子的各种无礼、没有规矩的言行。这里向父母介绍几种可以代替惩罚的好方法，供大家参考。

第一，转移注意力。对于孩子所犯的不太严重的错误或者偶然犯错的行为，父母可以运用这种方法将孩子的注意力转移到帮助父母做事或者有趣的事情上。

第二，明确表达强烈不同意的立场，并告诉孩子那样做会带来

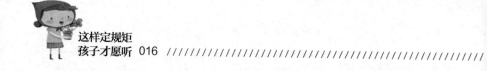

什么样的不良影响。这种方法适用于孩子的行为即将造成严重的后果，父母需要及时纠正并表明严肃立场的情况。但是父母在运用这种方法的时候，不能攻击孩子的人格，如"你太鲁莽了""你太任性了"等等，这会让孩子否定自己，从而失去自信。

第三，表明自己的期望。对于造成的影响不是太大，并非孩子故意而为的错误，父母不必过分追究，可以表明对孩子下次行为的期望。例如孩子把玩具弄丢了，父母可以告诉他："我希望你下次保管好自己的玩具，让它和你一起回家。"

第四，给孩子提供选择。我们可以给孩子提供合理的、双方都能够接受的选择，这样孩子就会感觉被尊重，而没有强迫感。这种方法适用于孩子的行为比较顽固，但是有可替代的选择的情况，同时可以用于引导孩子开始某种行动的提议。

第五，教会孩子弥补自己的过失。如果孩子是由于无知而出现一些失误，父母不要过多责备，可以给孩子补充相关常识，这样孩子就不会出现类似错误了。

第六，采取行动。对于一些原则性错误，如果父母反复多次提醒但是孩子们屡教不改，那么父母就要采取行动加以制止。例如，孩子在吃饭的时候一直玩桌上的物品，经多次劝说无效后，父母就可以把那些物品拿远，说："吃饭的时候要专心，吃完饭才可以玩这些东西。"

第七，让孩子体验错误言行带来的后果。当孩子明知故犯时，父母要让他来承担由此带来的后果。例如，当孩子在满是油污的餐桌上玩小汽车的时候，父母可以告诉他："餐桌上有油污，把小汽车弄脏了，你要负责把它洗干净！"

━━● 第二章 ●━━

走进孩子的内心——重新认识我们的孩子

当孩子一天天长大后，父母常常感慨："这孩子怎么变成这样了？还是小的时候可爱。"其实，孩子在每一个成长阶段都有他的可爱之处，这就需要父母有一双慧眼和一颗关爱孩子的心，这样才能发掘出孩子的"美"。走进孩子的内心，重新认识我们的孩子，这是执行规矩的前提，也是关系到规矩能否顺利执行的重要条件。

了解孩子的期许，做孩子心目中的好父母

  曾有一篇文章在朋友圈里被疯狂转发，震撼无数父母。那篇文章是一个五年级学生写的作文，作文的题目叫作《我的妈妈》。她用稚嫩的字体这样写道：

  我的妈妈不上班，平时就喜欢打牌和看"脑残"的电视剧，一边看还一边骂，有时候也跟着哭。

  她什么事都做不好，做的饭超级难吃，家里乱七八糟的，到处都不干净。

  她明明什么都做不好，一天到晚光知道玩，还天天叫累，说都是为了我，快把她累死了。

  和我一起玩的同学中，小青的妈妈会开车，她不会；小林的妈妈会陪着小林一起打乒乓球，她不会；小宇的妈妈会画画，她不会。我都羡慕死了，可是她什么都不会。

  我觉得，我的妈妈就是个没用的中年妇女。

几乎所有父母都希望孩子成为"别人家的孩子",殊不知,孩子也希望父母像别的父母一样,有诸多令人羡慕、值得自豪的地方。自己都做不好,更没有理由要求孩子做好。比如,自己平时蓬头垢面,却要求孩子注重仪容仪表;自己胆小怕事,却要求孩子勇敢坚强;自己花钱大手大脚,却要求孩子勤俭节约;自己爱看手机、玩iPad,却不允许孩子触碰;等等。这些要求简直毫无道理。在教育孩子的过程中,单纯的喋喋不休的说教只会引起孩子的反感,不能起到一定的教育作用,而形象地示范则是生动有效的手段。

人们常说:"孩子是父母的一面镜子。"透过孩子这面镜子,父母可以看到自己的影子。因此,管教孩子的第一步,就是努力成为孩子心目中的模样。

有一篇写现代孩子对母亲形象期望的文章,文中列举了几条孩子们对母亲的期望:

> 希望母亲懂一点电脑;
>
> 希望母亲平时化一点淡妆;
>
> 希望母亲了解一些时事;
>
> 希望母亲幽默一些。

当孩子做错事,不能让父母满意的时候,父母应该首先在自己身上找原因,毕竟孩子不会无故犯错。即使他真的做错了什么,父母也应该给他们留出反省的时间和空间,同时给予孩子充分的信任和理解,这样定规矩他们接受起来会更容易一些。

不相互攀比，让孩子有成就感

在现实生活中，让孩子最无奈的就是，父母希望自己像"别人家的孩子"那样聪明、懂事、有礼貌、会做家务、爱干净等。父母常常挂在嘴边的一句话就是："你看人家……"

他们时常觉得别人家的孩子是金子，而自己家的孩子是沙子。"说者无心，听者有意。"当听到这些话时，孩子的内心是极度自卑的，是没有成就感的。

其实，孩子刚出生时，几乎就是一张白纸，而父母是个画家，他们用手中的画笔给孩子画出各种各样的图形，可能是五颜六色的，也可能是灰暗的。这也就是有的家庭教出来的孩子是优秀的，而有的家庭教出来的孩子的性格不是很好的原因。归根结底，就是父母的教育方式不同造成的。

有些父母善于对孩子投以赞赏的目光，他们不会拿自己的孩子和别人家的孩子做比较，他们认为自己家的孩子是世界上独一无二的，有优点也有缺点，毕竟父母也是不完美的。

　　而有些父母则相反，即使孩子做得很好也不满意，从不会给予孩子赞扬和鼓励。

　　这是两种截然不同的教育方式，也带来了两种不同的结果：那些接受赞赏的孩子充满了自豪感，而从没被表扬过的孩子充满了自卑感。

　　父母既然都希望孩子充满自信，那就要在日常生活中多多注意，不要处处用挑剔的眼光看待孩子，打击孩子的积极性，更不要拿别人家孩子的长处和自己孩子的短处做比较，否则只会越比越觉得自己的孩子不如别人家的孩子，孩子也会觉得自己一无是处，没有自信。

　　因此，不管自己的孩子在某一方面是优秀的还是有缺点的，父母都要记得千万不要拿他和别人家的孩子做比较。只要你的孩子今天比昨天有进步，他就值得被肯定、被鼓励，并收到来自父母的祝贺。当今许多歌星在舞台上光彩夺目、自信满满，殊不知，这些光环正来自于观众的掌声。孩子也一样，如果他得不到鼓励，总是得不到掌声，又从哪来的自信呢？

　　每一个孩子都是独特的存在，都应该在他自身的基础上发展，而不是成为别的孩子的复制品。

　　一个孩子在成长过程中会经受人们无数次评价，别人的评价也许只是参考，他最在意的还是来自父母的评价，对他影响最大的也是父母的评价。

　　事实上，孩子也需要肯定，也需要成就感和价值感。他们也希望得到理解，也希望能得到公正的评价。如果父母经常拿孩子的缺点和别的孩子的优点做比较，然后把孩子贬损得一无是处，久而久

之，孩子就会变得自卑、抑郁，可能会产生厌世情绪，甚至会做出一些伤害自己或他人的极端不理智的行为。因此，我们在对孩子做出评价的时候，一定要三思而后行。

尊重孩子，孩子不抵触

许多父母对孩子的事情一手包办，凡事喜欢替孩子做主，一旦孩子想要说出自己的想法，父母就以一副居高临下的姿态打断孩子。他们独断专行，不顾及孩子的感受，这样就算设立了规矩，孩子也不会乖乖执行。

因此，设立规矩前，父母一定要改变独断专行的不良作风，发扬民主精神，可以根据孩子的意见进行适当的调整。可以说，设立规矩要从尊重孩子开始。

下面讲述一位从德国回来的女士亲身经历的一件事，相信对于父母教育孩子会有一定的启发。

一个星期天，一位女士带着5岁的儿子去公园玩。不一会儿，儿子手中多了一辆电动小汽车玩具，而他手中原本的折叠纸飞机却不见了。经过询问，她才知道，原来电动小汽车是儿子用纸飞机与一个德国的小朋友交换得来的。这位母亲大吃一惊，因为那个纸飞

机最多值5美分，而这辆小汽车最少也要20多美元才能买得到。一开始她以为儿子在撒谎，当找到那个德国小孩和他的妈妈时，她才知道，孩子之间的交易是在德国妈妈的眼皮底下完成的。她问那位德国妈妈为什么不加以阻拦，那位德国妈妈说："小汽车是孩子的东西，应该让他自己做主。"

无疑，这位德国母亲的做法是对的。她在两个孩子的不等价交易中冷静旁观，没有粗暴地指责孩子，干预孩子的选择。在对这件事情的处理上，她始终坚持这个原则：孩子有权利做决定，父母应该尊重孩子自由选择的权利。

现在许多父母不顾孩子的喜好，给孩子报各种各样的辅导班，将自己的意愿和期望强加给孩子，这都是不够明智的表现。

要想让孩子独立，做真正的自己，父母首先应把孩子看成独立的个体，在尊重孩子的前提下去爱他，不要给孩子的童年留下遗憾，因为孩子的童年只有一次。只有尊重孩子。才能培养孩子去尊重别人。不过，父母对孩子真正的尊重，不应只是以爱为前提的道德绑架，而应该出于一种民主的理念。

那么，父母怎么做才是对孩子尊重呢？专家列出以下几点建议：

第一，要平等地与孩子相处。家长要改变那些独断专行、支配一切的错误做法，在尊重孩子的前提下来指引孩子。这样在执行规矩的过程中，孩子才不会过分抵触，亲子关系也会更加融洽。

第二，多与孩子沟通，了解孩子的想法。父母希望孩子学习的东西，孩子未必喜欢。不要看别人家的孩子学什么、做什么，就让自己的孩子也学什么、做什么，而要问问孩子的真实想法，看是不是符合孩子的实际情况，以及孩子是否愿意做。

　　第三，选择也是孩子的权利之一。父母在遇到和孩子相关的事情的时候，首先应和孩子商量，尊重孩子的意愿。如果父母不想让孩子丧失个性，就不要替孩子做选择、做决定。

欣赏孩子，父母的必修课

曾看过一个视频，记者对几位妈妈和他们的孩子分别进行了采访。在采访过程中，记者将孩子和妈妈分别安排在不同的房间，妈妈能看到孩子，孩子却看不到妈妈。

记者首先采访孩子的妈妈，询问她们对孩子的看法。她们有的说："我家孩子太淘气了，经常惹我生气。"还有的说："孩子不爱干净，整天把自己弄得像小花猫。"还有妈妈指出，孩子胆小，总是唯唯诺诺，怕这怕那。总之，孩子们被贴上了"不听话""逆反""脆弱""怕吃苦""不懂感恩""懒惰""贪玩"等各种各样的标签。然后记者请妈妈给孩子打分，满分10分。有的给孩子打6分，有的打8分，最少的还有打5分的，就是没有打满分的。

当记者去另一个房间询问孩子们对妈妈的印象时，他们歪着小脑袋，想了想，给妈妈们贴上了"温柔""爱我""给我做好吃的""给我买新衣服"等标签，也有的孩子觉得妈妈太严厉了，但是大多数孩子对妈妈的印象都非常好。当记者让孩子们给妈妈打分时（总分也是10分），孩子们用手比画一个"十"字，小嘴说出："10分。"在另一个房间的妈妈们一个个看得泪流满面，她们没想到，自己对孩子那么挑剔，而自己在孩子心中的形象却是这么完美。

看到这里，相信没有人不感动吧。尽管自己对孩子有诸多不满，孩子却在无条件地爱着自己。那么，父母应该也能做到孩子这样吧。自己仍有许多缺点，更何况是孩子呢。

古书有言："人谁无过？过而能改，善莫大焉。"意思是普通人不是圣人和贤人，谁能不犯错？错了能够改正，没有比这更好的了。是啊，人无完人，完美是一种不切实际的期待，追求完美的人往往会陷入深深的沮丧之中。

布莱莉太太现在就陷入了这样的沮丧之中，因为他的儿子阿尔贝托在学校不断地惹麻烦。每次他犯了错，他的老师就会罚他抄写50句话，但是他不肯写，老师就加倍惩罚。布莱莉太太非常担心，她担心时间长了阿尔贝托会变成一个小混混，所以她也开始对儿子进行说教和批评。这样，阿尔贝托在学校和在家都受到批评和指责，这使得他开始用毫不在乎的态度来进一步反叛，并且开始厌学。于是，布莱莉太太决定和老师好好谈谈阿尔贝托的问题。在跟老师进行交谈的过程中，布莱莉太太问老师阿尔贝托表现得"坏"的行为大概占多大比例，老师说："大约占15%。"布莱莉太太非常吃惊：老师因为更多地关注15%的不良行为，而忽视掉85%的好行为，使得阿尔贝托正在背负"坏孩子"的名声。

事实上，当你将85%的时间和精力都放在关注孩子15%的缺点上的时候，这些消极方面就会膨胀，而积极方面很快就会消失。相反，如果你将85%的时间和精力用来认可并鼓励孩子的优点，那么消极方面就会很快消失，而积极方面就会放大，因为这是你所看到的全部。当你关注积极方面时，你自己和孩子都会备受鼓舞。当然，这也适用于其他所有人。

各位父母，请无条件地爱并接受自己的孩子吧！因为你是他最重要的人。有你的爱在孩子的背后做支撑，他在外面不管遭遇了什么不幸，都会想到：不管怎样，我的家人不会放弃我，他们永远爱我，肯定我。这会使他重新拥有前行的力量，无所畏惧地面对整个世界。

定规矩小妙招：家庭会议

父母可以通过召开家庭会议的方法来解决与孩子的矛盾，这样既能避免自己与孩子之间过多地争吵，又能让孩子有机会来获得和提升解决问题的能力。而且最关键的是，这种每周一次的练习在平时也能起到非常重要的作用。

家庭会议一般由所有家庭成员参加，并选出主席，这个职务最好由大家轮流担任，因为孩子们也非常乐意当主席。会议主席的职责主要是主持会议，确保会议顺利地进行。此外，大家还要选出一位会议秘书。秘书的职责主要是做会议记录，当然这个职务最好也是由大家轮流担任，只要会写字就有当选资格。

会议一般一周举行一次为好，最好定在周末晚上举行。会议的主要内容就是解决一周中出现的问题，并讨论下周活动的计划。会议最好以一种全家人都能参与的活动收尾，比如全家人一起做一个游戏，一起吃爆米花，等等。这样，家庭会议就能够给孩子们带来幸福感，使他们更有自信，更有价值感和归属感。

这种形式之所以有效，是因为家庭会议有以下几点好处：

第一，一些问题如果在家庭会议上被郑重地提出来，孩子们会非常严肃认真地对待这些问题，并积极地思考解决问题的方法。

第二，关于某些规矩，一旦全家人达成一致，所有人都要遵守，包括父亲和母亲。这对所有人都是一种约束，大家互相监督，实施起来更容易。

第三，在实施全家人的决定时，如果孩子出现问题，父母不要替他承担责任，这是一个让他们学会自己承担责任的机会。

──── ● 第三章 ● ────

把握好尺度——不打不骂让孩子守规矩

对于孩子来说，爱胜于一切。如果用爱的方式让孩子执行规矩，孩子就能够感受到父母深深的爱意，就会乖乖地执行规矩。相反，如果通过严厉斥责甚至打骂的方式来让孩子执行规矩，孩子感受到的可能是恨意，从而忽略掉规矩。因此，父母在实施规矩的时候，应注意控制自己的情绪，把握好尺度，要坚信不吼不叫也能教好孩子。

左手规矩右手爱，两者要完美结合

规矩和爱从来都不是冲突的。所谓规矩，应体现出父母对孩子深深的爱意；而所谓爱，也不应是毫无原则的溺爱，而应是在规矩的制约下形成的理性的爱。只有把规矩和爱完美结合，灵活运用，父母才能在教育孩子的过程中轻松自如，孩子也才能更好地成长。

美国前总统贝拉克·奥巴马是一个育儿方面的高手，他在一次采访中分享了自己的育儿经。他总结出的育儿经验是定规矩，付出爱。他说："给孩子们无条件的爱。同时，给她们定下大方向和一些规矩。通常她们都会完成得非常棒。"

奥巴马有两个女儿：大女儿玛利亚和小女儿萨莎。当被问及自己在孩子们心目中的形象时，他称自己是一个"具有幽默感的好父亲"。

奥巴马和妻子米歇尔都认为孩子们应该多干家务。他们在孩子能听懂话的时候，就开始给她们安排任务。奥巴马说："我会对她们说，去洗澡、把豌豆吃掉、把玩具从地上拿起来……等到16岁，她们样样都会干得不错。不过，她们愿和你共处的时间没有你想要的长。"

由此可见，对于管教孩子来说，规矩和爱缺一不可。

看过《大卫不可以》这本书的人都知道，大卫的妈妈最常对他说的一句话就是："大卫，不可以！"这看似无情，但时时都能感觉到大卫的妈妈对他深深的爱。书中的大卫和大多数孩子一样，经常惹祸：一会儿，他伸着舌头，站在椅子上颤颤巍巍地去够高处的糖果罐；转眼间，他又会带着一身污泥跑回家，客厅的地毯上留下一长串黑黑的脚印；不知什么时候，大卫在浴缸里玩嗨了，卫生间里水流成河；一个不注意，大卫光着屁股就跑到了大街上……一不小心，大卫闯了大祸——他在屋子里打棒球，将花瓶打破了。妈妈罚他坐在墙角的小圆凳上，他流下了眼泪。这时，妈妈对他说："宝贝，来妈妈这里。"妈妈把他紧紧地搂在怀里，对他说："大卫乖，我爱你。"这是一幅多么温馨的画面，一个孩童恶作剧的故事就这样以一个爱的动作收场。事实上，不管孩子多么调皮，内心有多少委屈，母亲的怀抱永远是他温情的港湾，母亲的爱能化解一切。

父亲也一样，大多数父亲虽然扮演的是严父的角色，但是也应该让孩子感觉到自己对他的爱意。有时候，父亲弯下身子，给孩子一个拥抱，比多少句批评指责都管用。

有时候，孩子不执行规矩，撒泼，无理取闹，只是想引起父母的注意，希望父母给予他更多的爱。因此，遇到这种情况，父母首

先应控制自己的情绪，给予孩子更多的理解和关爱，这样孩子才会乖乖地听话。

桐桐从小由奶奶带大。奶奶每天哄她睡觉的方式就是让她看动画片，结果往往是桐桐越看越兴奋，折腾到很晚才睡觉。于是，桐桐的妈妈决定改变她睡觉前看动画片的坏习惯。

一天中午，全家人在一起吃午饭。妈妈郑重其事地告诉桐桐，以后睡觉前不可以看动画片。不过，妈妈可以给她讲一个睡前故事。桐桐点头答应了。谁知，吃过午饭以后，有些困意的桐桐还是嚷嚷着要看动画片。妈妈耐心地劝说了好久后，桐桐才肯乖乖地躺在床上。为了更好地帮助桐桐入睡，妈妈还把窗帘拉得严严实实的。然后，妈妈拿出一本童话书，开始给桐桐讲故事。故事讲完了，桐桐却说故事不好听，让妈妈重新讲一个。妈妈没有答应她的这个无理要求，只是静静地陪在她身边。不久，桐桐就睡着了。如此几次之后，桐桐习惯了这种入睡方式，而且睡得越来越香甜。

在这个案例中，桐桐的妈妈并没有因为心软而半途而废。其实，每个孩子都会经历一段时间的"不听话""没规矩"，这是孩子心理发展的需要。父母能做的就是为他们定规矩，设置界线，让他们在规矩允许的范围内自由自在地成长，这样他们才能遵循自身的成长规律，寻找属于他们那个年龄的童真和欢乐。

养育孩子是一项艰辛的任务，任重而道远，唯有将规矩和爱完美结合，才能让一切变得水到渠成。

学会掌控情绪，不吼不叫教好孩子

人们常说，孩子就是天使和魔鬼的化身，有的时候是天使，乖巧可爱；有的时候又化身为魔鬼，把人折磨得快要发狂。的确如此，调皮、不听话，几乎是所有孩子的通病。在这个世界上，没有一个正常的孩子能够完全按照爸爸妈妈的旨意做事，因为他们不是玩偶，而是有独立思想和精神的个体。

很多妈妈都说，怀孕的时候感觉自己很辛苦，但是把孩子生下来之后发现，带孩子更辛苦，而且孩子越大，带孩子越辛苦。究其原因，当孩子从嗷嗷待哺的婴儿长成能说会走的幼儿时，他们的自我意识逐渐觉醒，自主能力也不断增强，所以家长再想让孩子言听计从就不容易了。随着孩子慢慢长大，他们会不断地给爸爸妈妈出难题，挑战爸爸妈妈的底线。尤其是孩子在学龄前阶段，各种捣乱，顽皮不堪，简直让人无计可施。于是，有的父母就"火山爆发"了。

尤其是年轻的妈妈，承受着来自工作、家务、育儿多方面的压

力，她们时不时就会"河东狮吼"。其实，许多妈妈发现，虽然自己发怒之后，孩子当时是乖乖听话了，但下一次他还会犯同样的错误。而且这样还会给孩子留下心理阴影或者不愉快的记忆。

有位妈妈心血来潮，将自己的长发剪成了齐耳短发，看起来非常干练。她自信地问儿子："我的新发型怎么样？"儿子想了想，说："当您温柔的时候，这个发型和您很配；当您发火的时候，这个发型就不太适合您了。"

案例中孩子的妈妈时而温柔如水，时而咆哮大怒。孩子小小年纪，对于妈妈这两种截然不同的表现，竟然有如此深刻的感受。可见，作为父母，自己的一言一行在孩子心中都会留下深刻的印象。因此，不管我们当时多么生气，情绪多么激动，都要尽量克制自己发火的冲动，以免伤害孩子脆弱的心灵。下面的事例对所有父母都能起到很好的警示作用。

最近，琦琦的妈妈发现，自己和孩子总是冲突不断，孩子变得越来越不听话了。她给琦琦定了一些规矩，希望以此约束琦琦的顽劣，但是琦琦总是不听，还顶撞自己，认为妈妈管得太多，简直太烦人了。

有一天，琦琦妈妈发现孩子又在玩手机游戏，她立即规定以后琦琦每天只能玩10分钟游戏，因为她知道手机屏幕的强光对孩子的眼睛伤害很大。但是，琦琦不理解，他对妈妈的这项规定非常恼火，便冲妈妈喊道："10分钟怎么行？我现在每天玩1个多小时，以后您怎么也得让我玩20分钟！"他的妈妈说："不行，只能玩10分钟，或者干脆别玩手机。你自己看着办吧！"琦琦据理力争，说道："为什么您和爸爸每天看那么长时间的手机，却不让我玩？"听了琦琦的话，妈妈非常伤心："我们看手机，还不是为了工作？你以为我们愿意天天盯着手机吗？要是你来挣钱养家，我就天天不看手机，也不看电脑！"就这样，琦琦和妈妈，你一言我一语，越吵越凶。最后，妈妈一气之下打了琦琦的屁股，琦琦伤心地哭了。

琦琦的爸爸下班回家，看到琦琦和妈妈的表情就知道他们两人又吵架了。问清楚事情的来龙去脉后，琦琦爸爸对妈妈说："别生气了，咱自己的孩子你还不了解吗？他就是一个吃软不吃硬的人。只要你好好和他讲道理，他就会听你的。你看看你，气鼓鼓的，根本不值当。"

第二天，琦琦的妈妈找了一个合适的机会，和琦琦讲了长时间看手机对眼睛的损伤，琦琦这才接受妈妈"每天玩10分钟手机游戏"的建议。他对妈妈说："妈妈，您昨天为什么不和我说这些呢？您昨天要是像现在这样心平气和地和我讲道理，我就会听您的。"妈妈也对昨天的言行感到很内疚，她对孩子说："对不起，昨天是妈妈不好，妈妈脾气太急了。以后，妈妈会注意的，妈妈会耐心地对你的。"琦琦和妈妈就这样重归于好了。

遇到孩子调皮、不听话，许多父母会因为气愤而变得歇斯底里，甚至动辄打骂孩子，伤害孩子稚嫩的身体和幼小的心灵。其实，有时候孩子并没有错。他们是那么弱小，毫无反抗能力，无论是拼体力还是拼智力，他们都不是父母的对手。孩子不会无缘无故

地哭闹，他们的哭闹总有一定的原因。当自己的一些要求不能被满足时，除了通过哭闹来发泄自己的不满，他们还能做什么呢？

因此，父母最好不要对孩子大吼大叫，否则一旦情绪失控，孩子容易受影响，会变得焦虑不安，或者针锋相对，这样只会使矛盾加剧，无益于问题的解决。正如一位名人说的那样，愤怒使人智商降低。而明智的父母，在孩子哭闹时，会知道这是孩子成长发育的必经阶段，能够抱以理解、宽容的态度，保持平静的心态，弄清孩子哭闹的原因，理性地解决问题。

执行规矩，避开五个"雷区"

当今社会，独立成了社会的主旋律。许多女人在生了孩子以后依然活跃在职场上。于是，下面这一幕在一些家庭几乎天天上演。

每天早上，聪聪妈妈很早就起床了，洗漱完毕后正好闹铃响起来。

聪聪妈妈开始叫孩子起床："小懒虫，该起床了！"

聪聪翻个身，接着睡。

聪聪妈妈无奈，开始放一些音乐唤醒孩子。

孩子睡眼惺忪，迷迷糊糊地开始穿衣服。

看到孩子开始穿衣服，聪聪妈妈离开房间，开始整理自己的公文包，准备需要的文件。当把这一切都收拾完以后，她发现孩子穿完上衣又重新躺回去接着睡了，不禁火冒三丈，开始催促："快点，你这孩子，怎么还在这儿磨磨蹭蹭的？"

这时聪聪才开始穿裤子。

妈妈对她说："你先穿着，我去给你检查书包，不能落下

东西。"

"好的。"聪聪点头答应。

当聪聪妈妈检查完书包，去叫聪聪上学的时候，她却看到聪聪趴在床上津津有味地看着漫画书。她一把夺走聪聪手中的漫画书，对她吼道："你怎么还在看漫画书？快点洗脸刷牙去！"

聪聪哭着大喊："不嘛，我要看完这个故事！"

聪聪妈妈的脸都要被气绿了，她不由分说拉着聪聪走进了洗漱室。

聪聪小声抽泣着，慢慢地刷牙洗脸。

看着聪聪委屈的模样，聪聪妈妈心里也不好受。她怎么也想不通："为什么孩子总是不听话？一而再再而三地挑战自己的底线？"

许多父母认为长幼有序，孩子就应该听父母的话，乖乖遵守父母制定的规矩。然而，孩子可不这么认为。也许正是因为父母有这样的心理，孩子才更加不听话，更喜欢跟父母唱反调。所以，父母要想让孩子遵守规矩，就必须给孩子一个充分的理由，而绝不是"我是长辈，你就要听我的"式的命令。

其实，孩子和你对着干，一定有他自己的原因。我们首先要找出这些原因，然后在定规矩的时候，避开这些因素，这样更有利于规矩的顺利执行。

一般来说，孩子做错事，通常有以下几个诱因：

第一，父母朝令夕改。一些心理学家曾指出，行为的结果会直接决定这种行为是否会再次上演。就像前面提到的聪聪，如果她的母亲容忍她的磨磨蹭蹭的行为，那么她会一直赖在床上。所以，父母在执行规矩的时候，不要朝令夕改，让孩子钻了空子。

第二，心理准备不充分。管教孩子时，你的首要任务就是执行好规矩中的奖罚措施，即使孩子非常不听话，你也要保持冷静，不能自乱阵脚。因为孩子出现问题的时候，正是你教育孩子的绝佳时机。你应该清楚孩子在什么情况下会出现抵触情绪。比如，当孩子玩得正开心，你却让他去做其他事情时；当孩子看电视或玩电子游戏时；当孩子被迫去做一些他不愿去做的事情时；等等。这些时候，孩子出现一些抵触情绪，是再正常不过的反应。只要你对这些情况做好充分的心理准备，并事先想出一些恰当且可执行的应对措施就可以了。

第三，夫妻发生冲突。夫妻双方意见不统一，非常容易引发夫妻间的争吵，这在大多数家庭都会发生。但在教育孩子方面，夫妻二人应该有相同的教育理念，即使不一致，也不应当着孩子的面争吵，这会让孩子不知所措，不知该听谁的好。

第四，外界压力。除了家庭内部矛盾，许多家庭还要承受经济、亲戚等方面的压力，这些都容易让孩子产生消极的态度和行为。如果父母让孩子背负这样的压力，那对于孩子的管教则是有百害而无一利的。

第五，父母对孩子的生活规划得不合理。父母在平时应合理安排孩子的家庭生活。孩子的日常生活越有规律，越协调，越明晰，孩子就越不容易发脾气。大多数时候，孩子发脾气是因为一些事超出了他的预料，他事先没有一点心理准备，或者他正玩得高兴的时候，你让他去做另外一件事。如果你能合理安排孩子的家庭生

活，孩子知道什么时候该做什么事，他就会非常听话，按照约定的
规矩来行动，因为合理的规划使他对即将要做的事情有充分的心理
准备。

定规矩简单、具体，不做"唠叨妈"

"起床、起床，快起来！去洗脸、去刷牙、记得梳头！会热吗？会冷吗？你就穿成这样出门吗？别忘了钢琴课在今天下午，你要练！出去玩，别玩太疯，别闹太凶。今晚不准玩电脑！我说了算！我是你妈！……"

这首《妈妈之歌》曾经在网络上风靡一时，之所以受到那么多人关注，是因为这首歌是一位有着三个孩子的母亲写的，她将自己日常生活中对孩子唠叨的话写了下来。这些歌词引起了人们的共鸣。许多网友表示，歌词写得太真实了。有关调查结果显示，90%的孩子认为妈妈太唠叨，有人甚至说出"'唠叨'是'妈妈'的代名词"这样的话。

其实，对于妈妈的唠叨，许多孩子都不胜其烦，有的孩子会直接说："我知道了，您烦不烦啊？""好了，真啰唆！"妈妈听到孩子这些抱怨的话，心里一阵阵失落：自己一心为孩子好，为什么换

来的却是孩子的埋怨？

古人云："子不教，父之过。"父母平时在教育子女的过程中，对子女的言行适时地点拨和提醒是必要的，但绝不应该没完没了地唠叨。有教育专家指出，在父母的唠叨声中长大的孩子，早就对父母的唠叨产生了"免疫力"。他们唠叨越多，孩子抵御唠叨的本领就越强。同时，孩子对父母也失去了敬畏之心。

这是一位父亲讲述的他女儿的故事。

我的女儿原本是一个很乖的孩子，除了学习成绩一般，其他的都挺好。可是自从进入六年级以来，她开始追星，买那些明星的CD、看演唱会，像着了魔，结果学习成绩一路下滑。你只要一提学习，她就摔摔打打，或者干脆把房门一关，连饭也不吃，让人又生气，又心疼。孩子的妈妈本来脾气挺好，可是一到更年期，也变得爱唠叨、爱发脾气，结果母女俩经常发生口舌大战。为了缓和家里剑拔弩张的气氛，我劝说母女俩去看了心理医生。

回来后，孩子看起来改变了许多，有一次吃饭期间，她甚至还主动提起了期末考试的事。她说："爸，妈，这回考试别的科都考得不错，就是数学没考好。"谁知，妈妈一听这话就怒了："没考好，那考了多少分？""不及格。"她的妈妈已经忍不住吼了起来："我就知道不及格！你根本及格不了！"女儿强压住火，没作声，可是她的妈妈在那边却越说越起劲儿："你是个学生，却像个没事人一样，天天就知道喜欢那些没用的，不好好学习……"女儿盛怒之下，把饭碗给摔了……

在这个例子中，这位妈妈的做法实在欠妥当，她动不动就开启"唠叨"模式，难怪孩子会做出摔碗的极端行为。在教育孩子，给孩子定规矩时，父母不要一味地唠叨，这样孩子只会厌烦，而不会听话。那么，父母怎么做才能避免唠叨呢？

第一，分清主次。在生活中，父母需要给孩子定的规矩有很多，但是不必事无巨细，什么都要反复强调叮嘱，否则不仅父母自己身心疲惫，孩子也会厌烦不已。父母只需对孩子的学习、生活中值得重视的地方，列出一些规矩让孩子务必遵守即可。在列规矩时，尽量用孩子可以理解的简洁语言，给予孩子具体的建议和指导，这样孩子才能遵照执行。当然，在定规矩的时候，应允许孩子提出自己的想法和意见，不要搞"一言堂"。

第二，抓大放小。有的父母对孩子缺乏耐心，当孩子稍微一出格，就会暴跳如雷。其实父母大可不必这样。孩子毕竟还小，犯点错误是难免的。他们做的有些事情，后果并不像父母想象的那么严重。父母完全可以让自己更轻松一点，对于孩子生活中的一些小事，只要不造成严重的后果，就可以放手，让孩子自己去做，这样孩子也能从中体会到成就感或者挫折感。这些都能丰富孩子的经历。如果家长一而再再而三地提醒，孩子就会嫌父母唠叨。父母在定规矩时应该抓大放小，不要什么事都定规矩，否则孩子就会比较受约束，不能充分发挥儿童的天性，做什么事都小心谨慎，生怕一不小心就触犯了规矩。有时候家长对孩子犯的小错采取"睁一只眼闭一只眼"的态度，让孩子自己承担做错事的后果，效果会更好。

第三，只说一遍。父母如果想让孩子做什么事，应该在合适的

时机，与孩子面对面地交谈，并且告诉孩子，这件事只说一遍，并告诉他不做会有什么后果，这样孩子就会乖乖地去做事。如果你反复强调、反复唠叨，只会引起孩子的反感，不会取得相应的效果。

第四，就事论事。有的父母在孩子做错事时喜欢"翻旧账"，把孩子以前的"恶习"全部说一遍，结果越说越气，越生气说的就越多。其实，父母要知道，没有哪个孩子不犯错误，孩子只有在不断犯错、不断改正错误的过程中才能变得更好。对于孩子所犯的错误，父母要就事论事，共同寻找解决的办法，才是最明智的做法，"翻旧账"只会让孩子觉得自己太唠叨。

第五，学会等待。许多父母有这样的心理：自己一说出要做某件事，孩子立刻执行；自己一说不让做某事，孩子立刻停止。这其实是错误的想法，孩子毕竟不是机器人，不可能完全受父母控制。孩子有自己的成长规律和年龄特点，他的心智和能力没有大人想象中那么成熟，父母有的话他可能还无法理解，有的事情他可能暂时无法做好，做父母的必须学会等待，允许孩子慢慢来。要知道，孩子的成长并不是一蹴而就的，需要经历一个过程，父母的着急、唠叨并不会使这段时间缩短。

定规矩小妙招："约法三章"

法国前总统萨科齐的母亲，对于如何教育自己的儿子，说过这样一句话："我从不严厉对待他们，但约法三章：他们必须工作、运动、对我不撒谎。"对于淘气的孩子，父母不妨试着和孩子"约法三章"，并以文字的形式，贴在家中醒目的地方，时刻提醒孩子和父母共同遵守。

"约法三章"能够使孩子与父母处在相互平等的地位，使他感觉受到尊重。因此，他就会按照约定的内容来执行，这就能够让父母制定的规矩变得简单易行，更容易实施。

"约法三章"的内容应包括孩子和父母双方的权利及应尽的义务，逐条列出，每条内容尽量简单易懂，且照顾到孩子的特点，让孩子能够做到。

下面是一则"约法三章"的范例，父母可以参照制定。

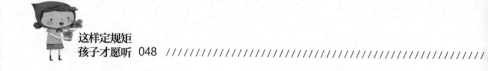
约法三章

父母的承诺：

不随便对×××发火，更不能动手打×××。

进×××房间之前先敲门，得到允许后才可以进去。

每天写完作业，×××可以自由活动，可以看1集动画片，或画画，或找其他小朋友玩，父母不会干涉。

定期带×××外出游玩，1个月1次。

父母给×××定的规矩：

进入父母的房间要先敲门。

放学后要写完作业再去玩。

就餐时要坐好，不能边吃边玩。

不能随便拿别人的东西，要先询问对方，得到允许后再取用。

━━━• 第四章 •━━━

家庭和谐——孩子守规矩的前提

家，是温暖的港湾，是孩子成长的摇篮。不管孩子在外面受了多少委屈，受了多少伤害，家总是能抚平他心灵的创伤，让他破涕为笑。家，应该是和谐、温馨的象征，也应是宽容、理解的殿堂。夫妻和睦，父慈子孝，这是一幅世界上最美丽的画卷。孩子生活在这样的家庭中，自然会感到非常幸福。对于父母制定的规矩，他也会言听计从，不会随意破坏。

天才在于教育，身教胜于言传

父母是孩子的第一任老师，父母的言行将成为孩子模仿的对象，因此家庭教育显得尤其重要。从孩子牙牙学语、蹒跚学步到白日嬉戏、夜数星斗，孩子每一步的成长，都倾注着父母全部的心血和汗水。

相信大多数父母对孩子的教育都是不遗余力的，但是教育的结果往往不尽相同，甚至大相径庭。下面就是两个家族的家庭教育的例子，它们形成了鲜明的对比。

美国有两个出名的家族，他们都是维持了八代以上的家族。第一个家族的祖先是著名的哲学家爱德华，他是一位德高望重的人，深受人们敬仰。他培养了一批又一批优秀的子孙。他的八代子孙中，人才辈出。在教育界，有13人成为大学校长，100多人成为大学教授，还有80多人成为文学家；在政界，这个家族出现了20多个议员，1个副总统。这个家族可谓是人人羡慕的家族。

而另一个家族是一个人人厌恶和不齿的家族。这个家族的祖先是珠克，他是一个臭名昭著的酒鬼和赌徒。在他的"熏陶"下，他的八代子孙中出现了300多名乞丐、7个杀人犯、60多个盗窃犯。

第二个例子当然是一个极端的例子，但是足以说明家庭教育对后代的影响是多么深远。这尤其应引起当代父母的警觉。

可能有的人会说，这两个例子还说明了基因的重要性，好的基因可以传承，坏的基因也可以传承。不可否认，基因确实在人的一生中起着非常重要的作用，但并不是决定性作用。

中国有句古话："虎父无犬子。"这句话说明了父亲对儿子有着极大的影响。历史上无数流传千古的父子英雄都印证了这句俗语。

三国时期的曹操，能文能武，具有杰出的政治、军事、文学才能，是东汉末年的一代枭雄，后被称为魏武帝。他的次子曹丕子承父业，逼迫汉献帝禅位，成为魏国的开国皇帝。

北宋散文家苏洵和他的两个儿子苏轼、苏辙均被列入"唐宋八大家"之中，他们文采出众，诗作至今仍被后人传颂。

南宋抗金名将岳飞率领岳家军与金军进行了数百次战斗，所向披靡，屡败金军。他的光辉事迹流传千古。他的儿子岳云则是中国历史上少有的少年将军，和他的父亲一样，战功赫赫，同样受到后世敬仰。

这样的例子比比皆是。这些例子无不说明父亲"身教"的重要性。父亲若是英雄，他就能对子女的成长起到潜移默化的正面作用。母亲也具有同样的作用。相反，如果父母有不良嗜好和不健康

的生活方式，孩子也可能会效仿父母的这些行为。

美国一所大学的研究小组对330名美国中西部的白人青少年及其父母进行了访问，了解他们在饮食、运动、吸烟、喝酒、睡觉等方面的生活习惯。结果发现，青少年在总体上会效仿其父母不健康的生活方式，而且还常常会表现出与父母相似的有益健康或有害健康的行为，如抽烟或者运动、锻炼等。

人们常说："上梁不正下梁歪。"孩子生活在什么样的家庭中，就会被造就成什么样的人。因此，作为"上梁"的父母要"正人先正己"，为"下梁"扮演好榜样的角色。

关爱和自由，一个都不能少

古人云"近朱者赤，近墨者黑"，人们还说"橘生淮南则为橘，生于淮北则为枳"等，这些都说明了环境对一个人成长的重要性。瑞典教育家爱伦·凯也说过类似的话，他指出："环境对一个人的成长起着非常重要的作用，良好的环境是孩子形成正确思想和优秀人格的基础。"

每个人一出生接触的环境就是家庭环境，家庭对一个人的影响非常深远。一般来说，家庭对一个人的影响程度是与他的年龄成反比的，年龄越小，越容易受到家庭环境的影响。最适宜孩子成长的环境就是温暖和谐的环境，生活在这种环境中的孩子通常性格活泼，行为较为理性，并善于与人交往。因此，每一位家长都应该为孩子提供一个有利于他成长的环境，让孩子在充满关爱和自由的环境下健康快乐地长大。

相反，如果孩子生活在一个缺少关爱或者没有自由的恶劣成长环境中，对家就会有一种厌烦心理，对父母就更不会言听计从了。

有一个10岁的小朋友朋朋，几乎每天下午放学都不会立刻回

家，而是经常玩到很晚才回家。有一天，放学后他又去好朋友浩浩家，两个人一起做功课，然后一起玩。天都黑了，朋朋还不想回家。浩浩奶奶就问朋朋："你怎么还不回家啊？这么晚了，你爸爸妈妈该着急了。"没想到，朋朋满不在乎地说："我不想回家，我们家到处乱七八糟的，看着让人心烦。我爸妈工作很忙，这会儿一定还没回来。再说，他们也不怎么管我。"

如果父母能够给予朋朋更多的关爱，朋朋在谈起自己的家时，态度也不会如此冷漠。说起对孩子关爱不够的现象，许多父母都有一个共同的理由，那就是工作忙。除了工作忙，家长们还有一个理由，那就是自己的娱乐占用了陪孩子的时间。只是许多家长都不会承认这个看似最接近理由的理由。下面的事实也证实了这一点。

在一次夏令营活动中，孩子们被要求画一幅画，来描绘出各自家庭的情形。有一个孩子的画让人看了心酸不已。他的画是这样的：他的妈妈在看电视，他的爸爸在玩电脑，他自己则站在旁边流眼泪。

这是一幅典型的家庭生活不和谐的画面。

家庭应是一个人心灵的港湾，需要每个人用心去守护，尤其是为人父母者。孩子还小，只是一个被动接受者，父母给他创造什么样的环境，孩子只能被迫接受，无法选择。这就要求父母能够懂得孩子真正需要的是什么，并给他提供一种这样的家庭氛围。如果父母对孩子的成长不了解、不关注，以自己的经历、经验为标准，从自己的利益出发，强迫孩子做他不喜欢做的事情，只会让孩子产生逆反心理。

比如，一些父母把成绩看得很重，他们往往打着"爱孩子""为孩子好"的旗号，整天强迫孩子学习，这样只会让孩子对学习产生恐惧、厌倦心理，结果孩子可能更反感学习。还有些父母，根本不考虑孩子的兴趣爱好，看到别人家的孩子报了学习班，就给自家孩子也报了名，生怕自己的孩子落后一步。

这些父母将自己的意愿强加给孩子，只会让孩子叛逆，与父母对着干。他们以为自己非常疼爱孩子，其实他们只是将孩子变成了实现自己愿望的工具，让孩子成为他们的骄傲。如果父母真的爱孩子，那就要尊重孩子，了解孩子的所思所想。其实，孩子想要的一直都很简单，那就是关爱和自由，二者一个都不能少。如果这些父母都做到了，教育孩子就不会是什么大难题。

那么，父母怎么才能做到给予孩子关爱和自由呢？或者说，父母怎样才能给孩子创造一种良好的家庭氛围呢？

首先，父母要从生活的方方面面关爱孩子，给予孩子充分的尊重和信任，不要整天板着面孔，不要随意呵斥孩子，更不能打骂孩子，要试着以朋友的身份和孩子相处，创造一种平等、民主的家庭氛围。

其次，父母不要把成绩作为评价孩子的唯一标准，应多方面培养孩子的兴趣爱好，有意识地在家庭中培养文明健康的生活情趣，包括定时看时事新闻、注重体育锻炼、热爱科学、爱好音乐文艺、注重文化修养和语言文明等。当然，父母在这些方面应做好表率。

最后，父母还要树立良好的家风。良好的家风包括家庭成员都有正确美好的伦理道德观念，形成互助友爱、尊老爱幼、文明礼让、热爱劳动、积极乐观、努力向上、诚实守信、勤俭持家的好风尚。

夫妻恩爱，给孩子最好的礼物

美国文学家德莱塞说过："和睦的家庭空气是世上的一种花朵，没有东西比它更温柔，没有东西比它更优美，没有东西比它更适宜于把一家人的天性培养得坚强、正直。"对一个家庭来说，孩子需要这种和睦的家庭空气。

孩子是父母爱情的结晶。胎儿带着父母的爱呱呱坠地，来到人间，他是那么弱小，需要父母小心呵护，需要父母给予更多的爱来赋予安全感。可以说，安全感是影响婴幼儿成长的最重要的因素，尽管很多因素会危害安全感，但最大的危害因素还是夫妻不和或离异。生活在这种家庭中的孩子，他的童年将留下难以磨灭的痛苦印记，这将影响他的一生。这种说法可能有些夸大其词，但是许多案例表明，问题儿童的父母关系往往不理想。

孩子是天生的学习者，他们从一出生就在观察、认识、学习，而观察、学习的对象主要是父母。父母的一言一行都将成为孩子模仿的对象。俗话说："近朱者赤，近墨者黑。"如果夫妻关系和谐，孩子将学会如何与别人进行良性互动，如何正确地解决矛盾和冲突；如果夫妻关系不和，孩子学会的更多是一些负面的处理矛盾和冲突的方式，比如恶语相向，甚至动手攻击别人。

现代社会，许多夫妻都承受着来自各方面的压力，遇到不顺心的事情的时候，一言不合就上升为激烈的争吵。殊不知，他们过足了"嘴"瘾，却给孩子带来了巨大的负面影响。

来自加拿大、英国和意大利的一些研究人员专门就"夫妻吵架对孩子的影响"这一主题做了一个观察实验，他们选了一些1岁半到2岁的婴幼儿作为观察的对象。他们让这些孩子和父母在房间里玩耍，同时找两个人当托，让他们在房间的另一头刚开始正常交谈。不一会儿，他们交谈的声音越来越大，像是在激烈地争吵。

他们通过观察发现，当大人们用正常的语调聊天时，孩子几乎没有受到影响，他们还在专注地玩着游戏。可是一旦大人的聊天变为激烈的争吵，孩子们马上就会停止说笑和正在玩的游戏，满脸惊恐地看向正在争吵的两人。即使两个人恢复正常的交谈，孩子们也不再像一开始那样开心地玩耍了。

夫妻吵架对孩子来说是一种心灵上的摧残，对孩子影响很大。调查结果显示，85%的孩子最害怕父母吵架。当父母在孩子面前争吵时，孩子常常感到紧张不安、恐慌，手足无措，非常无助。如果夫妻关系不和，经常吵架，孩子很容易变得自卑，做事畏首畏尾，与人交往时不主动、没有自信，很难信任别人，很有可能出现人际交往障碍。

而和谐的家庭氛围，有助于孩子养成良好的性格，让他们懂得谦让，有感恩之心，对人、对事宽容，并且乐于助人，这些都会使他们成为一个受人欢迎的人，使他们在人际交往中游刃有余。

因此，父母应给孩子提供一种温馨和谐的家庭氛围。那么，要做到这些，父母在日常生活中要注意些什么呢？

首先，夫妻之间应该互相尊重。夫妻之间不仅需要感情来维系，有时候也需要理智来约束。当夫妻之间出现意见分歧的时候，两个人最好坦诚相待，彼此说出自己的想法和感受，这有助于双方站在对方的角度来考虑问题，然后双方一起寻找解决问题的方法，达成一致。

其次，要正确看待和处理夫妻矛盾。夫妻吵架再正常不过，关键是要注意将对孩子的影响降至最低。假如夫妻双方忍无可忍、不吵不快，那就请关紧房门，压低声音，偷偷地吵，或换个孩子不在的地方吵架，或者让孩子暂时离开，切记不要在孩子面前争吵。

再次，夫妻要保持新鲜感。在日常生活中，夫妻双方应不断寻求新的关注点，而不是将精力仅仅放在工作、干家务、带孩子上。夫妻两人应有各自的兴趣爱好和朋友圈，从而带来新话题，给夫妻间的爱情注入新鲜血液。在教育子女的问题上，夫妻要关注一些新的教育理念，多研究一些养儿育女之道，共同教育孩子。

最后，和孩子一起，开展丰富多彩的活动。大家一起开展丰富多彩的活动，不仅能增进与孩子的感情，也能使夫妻感情升温。有空的时候，一家人在一起做一顿可口的饭菜，一起打扫、整理房间，一起庆祝节日、家人生日，一起走亲访友，一起郊游、参观……在大家共同参与的活动中，一家人互相了解、互相磨合，一起进步、一起成长，这样，良好的家庭氛围自然而然就形成了。

定规矩小妙招：列任务单

　　父母可以给孩子列出一天的任务单，让孩子照着完成。孩子每完成一项，可以得到相应的积分。孩子攒到足够多的积分时，就可以兑换奖励。

　　在列任务清单的时候，父母要注意，所列的任务要符合孩子的年龄特点，对不认字的孩子，每天要把清单的每条任务读给他听。任务量也要合适，要确保孩子每天能够完成清单上的任务。

　　在列出奖励之前，父母最好征求一下孩子的意见，满足孩子的合理需求。父母最好以孩子的基本权利作为奖励，比如晚点起床，看电视，玩游戏，和朋友一起玩，等等。不过，这些奖励都应有时间限制。当孩子提出一些物质奖励的要求时，父母可以设立一个抽奖箱，将一些便宜的小物件放在里面，定期给孩子一次抽奖机会。对于较贵的东西，父母可以要求孩子通过攒更多的积分来交换。

　　下面是一个任务单的模板，父母可以参照列出自己的任务单：

任务	积分
按时起床	2分
自己穿衣、穿鞋	1分
收拾床铺	2分
7:15之前吃完早餐	2分
7:40之前出门上学	2分
饭前自觉洗手	1分
早晨及睡前刷牙	2分

奖励	积分
晚起15分钟	1分
看30分钟电视	1分
玩15分钟电子游戏	1分
出去玩1小时	1分
抽奖	9分

下

实战篇

　　人们常说，理论要与实践结合起来。这是因为，理论仅仅是理论，若不用于实践，就只能是纸上谈兵，没有实际意义。在日常生活中，大到孩子与人打架，小到日常琐事，都需要父母出面处理。本篇就从日常生活中的饮食、作息、学习、休闲娱乐、社交等方面，手把手地教父母如何给孩子设立规矩、如何有效地执行规矩，从而在不伤害亲情的前提下，培养出有修养、有规矩的孩子。

━━━•━ 第五章 ━•━━━

日常生活有规律——争做"健康小天使"

　　"早睡早起""讲卫生不生病""一日三餐要吃好"……这些关乎健康的话，人们耳熟能详。但即使是成人，也不一定都能做到，何况是孩子呢？因此，父母要给孩子制定相应的规矩，让孩子遵从健康的作息时间，合理膳食，多做运动，从而拥有一个健康的身体。不管什么时候，健康都是第一位的。关于孩子的健康问题，父母绝不能大意。

爱清洁讲卫生，身体更健康

所有父母都希望自己的孩子是一个爱清洁讲卫生的孩子，每天早晚刷牙，晚上洗澡，衣服干净整洁。可是，现实中我们经常看到一些孩子脸上脏兮兮的，衣服上沾满了泥巴，头发也乱蓬蓬的。有的孩子还总是挂着两行鼻涕到处跑。特别是有的孩子，从外面回来饿极了，不洗手拿着东西就吃。这些对孩子的健康非常不利。

孩子不讲卫生，通常有两个方面的原因：一是父母工作忙，没有足够多的时间来对孩子的卫生习惯进行监督和管理；另一个就是父母本身的原因，可能父母自身的卫生习惯不好，导致孩子也是整天脏兮兮的。有的父母认为，孩子的个人卫生问题只是一件微不足道的小事，殊不知它能反映出一个人的生活情趣和精神面貌。孩子也有自尊，也不希望给别人留下一个邋里邋遢、没规矩的印象。此外，它还和健康状况息息相关。事实上，那些容易生病的孩子，在卫生习惯上多多少少存在着一些问题。因此，父母更应该在孩子的个人卫生上立下规矩，让孩子从小养成良好的卫生习惯。

乐乐的妈妈是一家医院的护士长，出于职业的敏感，她特别注重孩子的个人卫生状况，并为孩子设立了许多规矩。

妈妈对乐乐说："如果你想成为一个大家都喜欢的孩子，首先就要养成爱清洁讲卫生的好习惯。乐乐，咱们就从饭前便后洗手做起吧！咱俩互相监督，好吗？"

乐乐一脸懵懂，问妈妈："我们为什么要饭前便后洗手呢？"

妈妈耐心地解释道："因为我们平时经常要用双手去拿东西，这样手上会沾上很多有害的细菌。如果饭前便后不洗手，这些细菌就会被我们吃进肚子里。慢慢地肚子里就会长出虫子来，我们就只能去医院打针吃药了。"

乐乐听了妈妈的话，认真地点了点头。

从那以后，每当乐乐洗手的时候，妈妈都把毛巾、香皂准备好，放在乐乐容易拿到的地方。不仅如此，妈妈还教他如何把袖子挽起，如何涂抹香皂，如何正确洗手才能把手心和手背都洗干净。刚开始的时候，乐乐学不会，妈妈就耐心地给他做示范。

这样坚持了一段时间以后，不用妈妈提醒，乐乐就会在起床后主动洗手、洗脸。特别是在吃饭前，每次乐乐都会主动用香皂洗手，并用毛巾擦干。而且，不知从什么时候起，乐乐一吃完饭，就会把小嘴擦干。当他看到妈妈切水果将果汁沾到手上时，也会提醒妈妈："妈妈，你手上有果汁，把手洗干净再吃水果吧。"

有天晚上，有几只蚊子飞来飞去，妈妈将它们打死，可是不小心把蚊子的血弄到枕头上了。妈妈看乐乐睡得正香，就没换枕套。

谁知道，第二天早上乐乐一起床就看见了枕套上的血，他对妈妈说："妈妈，枕套上怎么有血？赶快换一个干净的吧！"

妈妈说："那是昨天晚上妈妈帮乐乐驱赶蚊子留下的。妈妈这就去换。"

一般来说，孩子不爱清洁、不讲卫生的恶习主要表现在：不喜欢洗脸、刷牙，不爱洗头、洗澡，爱用脏手揉眼睛，指甲长了不让修剪，用手指抠鼻孔，等等。这些坏习惯不但影响孩子的个人形象，还容易招致疾病。因此，父母一定要想办法改掉孩子的这些坏习惯，让其做一个讲卫生的好孩子。

要让孩子养成爱清洁讲卫生的好习惯，父母需要付出很多。除了自身养成良好的卫生习惯，为孩子树立一个好榜样之外，还要对孩子进行耐心的引导，不厌其烦地进行讲解和示范，直到孩子完全养成习惯。在这期间，父母千万不能急躁，更不能打骂孩子，哪怕孩子做出一点点成绩，也要及时表扬。

在婴儿时期，父母就要逐渐给孩子灌输卫生知识和概念，不要让孩子养成吃手的坏习惯，吃东西前给孩子洗手。当孩子能听懂话以后，就告诉他什么是脏的，什么是干净的。孩子再大一些，父母要教孩子如何洗手、洗脸，洗手时如何涂抹香皂。在孩子3岁以后，父母就可以给孩子订立一些规矩，比如，不要吃脏东西，不要随地吐痰，不挖鼻孔，不掏耳朵，等等。规矩中应包括一些简单的惩罚措施，比如，孩子不洗手就不能吃饭，不刷牙就不能吃早点，晚上不洗澡就不能上床睡觉，等等。父母还应定期给孩子剪指甲，因为孩子探索欲比较强，小手喜欢乱摸，手指甲一定很脏。

在执行规矩的过程中，父母应该用通俗的话语向孩子讲述"饭前不洗手，病菌易入口"这些简单的道理，也可以通过讲故事、看图片等方式，让孩子了解龋齿、细菌等方面的知识，这样孩子就会知道，一旦自己不讲卫生，就容易生病，就要忍受疾病带来的痛苦。

房间不凌乱，和坏习惯说 "byebye"

很多妈妈抱怨，孩子的房间明明刚收拾完，一会儿的工夫，孩子又乱扔乱放，把房间又变成了"垃圾场"，天天跟在孩子屁股后面都收拾不及。

小康就是这样一个孩子。他的房间整天乱七八糟，自己从来不收拾一下。只要你走进他的房间，就能闻到一股臭袜子的味道。再看他的房间，凌乱不堪。床上的脏衣服堆成了小山，被子随便叠了两下，枕头胡乱摆放在一边；书桌上杂乱无章，书本、铅笔、橡皮、墨水等物件，乱七八糟地叠放在一起；书架上的书东倒西歪地挤满整个书架；地上就更不用提了，零食、玩具混杂在一起，积木散落一地，小汽车已经没有了轮子，小飞机也没有了"翅膀"，所有东西横七竖八地躺在地上，几乎没有落脚之处。

小康的爸爸妈妈经常提醒小康，要把自己的小房间收拾干净、整洁，可是小康根本不当回事。他想：反正房间乱了，妈妈也会过来收拾，何必自己动手呢？爸爸妈妈也没有办法，他们想：由他去吧，反正孩子还小，长大自然就会自己整理房间了。所以他们一有时间就帮小康收拾房间。但是过不了几天，小康的房间又乱成了一团糟。

由于小康从来没有收拾过自己的房间，他渐渐养成了惰性，做事情总是丢三落四的。比如，早上眼看快要迟到了，他的外套却找不到了，只好着急地四处寻找；他常常走到学校才想起没有带课本，有时候忘记带橡皮或铅笔；很多时候，他的作业本会在自己的书桌上"失踪"，过几天又在另一个地方出现。

其实，孩子乱扔东西是有原因的。

对于年龄较小的孩子乱扔东西的现象，有人列出了两方面的原因。一个原因是孩子扔东西后会得到反馈，让他感到意外和惊喜。东西扔在地上，或者会发出响声，或者会变形，或者变得四分五裂，孩子觉得好玩，于是不停地扔着玩。还有一个原因，就是他想引起大人们的注意。父母看到孩子扔东西，通常都会来管。他们会把东西放回原处，还会数落孩子几句，偶尔还会惩罚孩子，这使孩子感觉自己受到了关注，消除了自己玩耍的寂寞感。

年龄稍大一点的孩子乱扔东西，则是因为自己没有将东西收拾整齐的意识，或者是因为父母没有养成收拾房间的好习惯，孩子自然而然也就效仿了。

在现实生活中，和小康一样的孩子还有很多。面对孩子乱糟糟的房间，有的父母采取"听之任之"的态度，他们认为那是孩子的私人空间，怎么整理是孩子自己的事，父母不便干涉；也有一些父

母会诱导孩子，如果孩子整理房间，会给予一定的物质奖励；还有一些父母一心想要培养孩子的自理能力，所以对孩子较为严厉，他们只要发现孩子的房间稍微凌乱一点，就会呵斥道："快去把房间整理好！"如果孩子不听，就会拳脚相向。

其实，这些做法都不可取。下面轩轩妈妈的做法值得借鉴。

10岁的轩轩有一个让父母头疼的坏习惯，那就是只要他放学回到家，就会把书包、外衣、鞋子随手扔到起居室的地板上。只有当妈妈偶尔看见并提醒他时，他才会把东西摆放好。大多数时候，他都是这样乱扔乱放。对此，妈妈没少责备他、惩罚他，但是这些对他来说都无济于事，轩轩依旧改不了乱扔东西的坏习惯。

有一天，妈妈发现轩轩经过起居室的时候没有乱扔东西，立即走到轩轩面前，给了他一个大大的拥抱，并感谢轩轩的体贴、懂事。刚开始轩轩感觉很吃惊，但很快他的脸上充满了自豪感，因为自己一个小小的举动竟然得到了妈妈的表扬和肯定。从那以后，他就尽力这样做，妈妈每次都记得对他表示感谢。渐渐地，轩轩再也不乱扔东西了。

其实，只要父母设立好规矩，想让孩子学会收拾房间并不难。美国作家玛西亚·洛姆斯兰德在美国的一档节目——《简单生活》中，给出了整理房间的建议。

首先，父母应该教孩子学会整理自己的床铺。在孩子的房间里，床铺所占的面积最大，只要床铺能保持干净整洁，整理房间的任务就算完成了一半。父母首先应让孩子学会把床单和被罩收拾平整。

接下来就是地面。先把地面上的杂物打扫干净，尤其是从床边到门口的那一块地面，把那个地方打扫干净以后，孩子就会发现，自己的房间里又多出一片干净的地方，这样他就会产生一种掌控全局的成就感。

然后，父母可以教孩子把房间里的杂物分类整理好，比如书要整齐地摆放在书架上，画笔、尺子等学习用品可以放在书桌上，同样要摆放整齐，衣服要装进衣柜，玩具要放到架子上。整理玩具的时候，最好将大的玩具放在架子的最下层，将小一点的玩具放在中间，而芭比娃娃等要放在最上层。

最后，父母要知道，孩子学习整理房间是一个循序渐进的过程，可以一步一步地来。比如，等孩子学会了整理床铺后，父母可以再提出一个新的要求：学会打扫地板，接着再让孩子学习整理杂物。

让孩子改掉乱扔乱放东西的习惯，其实归根到底还是需要父母先从自身做起，父母做好了，孩子自然也就做好了。如果父母保持家中干净、整洁，孩子也不好意思破坏这种清洁的环境，从而促使孩子养成收拾房间的好习惯。

三餐吃好，拒绝垃圾食品

人们常说："早饭要吃好，午饭要吃饱，晚饭要吃少。"这是自古以来被人们认为最科学的一日三餐饮食方式。大家都知道，早餐一定要吃好，可以吃一些清淡的食物，以满足上午工作、学习的需要。中午一定要吃得饱饱的。《陆地仙经》说"午饭厚而饱"，意思是午饭可以好好吃一顿。因为午饭就像加油站一样，既能补充上午消耗的能量，又能为下午储存能量。晚饭不宜吃大鱼大肉，吃得过饱，饭后缺少活动就上床睡觉，会导致食物得不到充分消化，容易引发各种各样的疾病。

当今社会，随着人们生活节奏的加快，许多上班族早餐随便吃一点或者干脆不吃，中餐叫外卖，晚上反而吃得格外丰盛，这种饮食方式与科学的饮食方法背道而驰。慢慢地，这些不良的饮食方式会潜移默化地影响孩子，使他们也养成不良的饮食习惯。

每天早上，父母把孩子送到幼儿园，然后匆匆忙忙赶着上班，所以孩子的早餐经常被忽略。有的父母在路边随便给孩子买点吃的。孩子可能因为要上课来不及吃东西，于是一上午就饿着肚子学习。

　　悦悦是一个活泼可爱的小女孩，可是有一个不好的习惯，就是不爱吃早餐。她从上幼儿园开始，就养成了不吃早餐的习惯。或许是因为早上时间匆忙，她每天到幼儿园都很晚，没有时间吃早餐。到后来，只要一吃早餐，她就会发生呕吐的现象。

　　上小学之后，悦悦开始挑三拣四，这也不喜欢吃，那也不喜欢吃，所以常常空着肚子去上学。妈妈怕女儿饿着，就每天往她的书包里装一盒牛奶，希望她在课间饿的时候给自己加餐。

　　上初中以后，悦悦的早餐更加没有规律。她每天早上6点就要起床，因为7点就要去上学，所以她洗漱完毕，稍微喝一点流食就去上学。等到中午的时候，她已经饿得前胸贴后背了。回到家，她就开始大快朵颐。而悦悦的妈妈为了给孩子补充营养，每天中午都是大鱼大肉，好菜不断。这种情况一直持续到悦悦上完初中。

　　上高中以后，悦悦还是没有养成吃早餐的习惯。因为每天早上她都喜欢在被窝里磨蹭半天才起床，耽误了吃早餐的时间，等她梳洗完毕，已经快上课了。纵使妈妈费尽心思做好了早餐，悦悦也没时间吃，往往随便扒拉两口就去上学了。更多的时候悦悦都是背着书包夺门而出，最多手上拿一杯奶茶加一块面包，但也只能等到第一节下课后才能吃。

　　由于悦悦长期不重视早餐，她的体型开始横向发展。看着周围的女孩们都是玲珑有致的身材，再看看自己臃肿不堪的身体，悦悦内心自卑极了。她心想：自己每天早上吃那么少，大多数时候还不吃饭，怎么还会变胖呢？

　　其实，原因很简单。因为早餐和前一天的晚餐间隔的时间本来就很长，悦悦又不吃早餐，这使空腹的时间延长，容易产生空腹

感。这样，她享用的午餐更容易被肠胃吸收，形成皮下脂肪。此外，她所吃的食物消化后产生的多余糖分会大量进入血液，这也会造成脂肪堆积。因此，悦悦变胖也就不足为奇了。

另外，不吃早餐还容易使孩子患上贫血、营养不良、胃病、胆结石等症。还有研究发现，如果不吃早餐或者早餐质量差，学生在上午第一、二节课的时候，很容易出现精神不集中、小动作不断的现象。这会使孩子学习效率明显降低，从而影响学习成绩。

既然不吃早餐对孩子有如此大的影响，父母就要给予足够的重视，不要因为工作的关系而忽视了孩子的早餐。同时，父母还要严格规定孩子的作息时间，让孩子养成早睡早起的好习惯，每天空出多余的时间，定时定量地享用早餐。

午餐，孩子一般在学校吃，而且会吃得很丰富，但家人还需要关注孩子的晚餐。人们常说："晚餐要吃少。"这是针对成年人说的，对于正在长身体的孩子来说，这显然是不合适的。孩子正处于生长发育旺盛的时期，他的发育一刻也不会停，就连夜间也是如此，仍需一定的营养物质来满足其生长发育的需要。孩子晚饭如果吃得少，营养跟不上，就无法满足身体的需要，长期下去，孩子的生长发育就会受到影响。因此，孩子的晚餐不要"吃少"，而要吃饱、吃好。

有的父母可能担心，晚餐太丰富，孩子容易吃太饱，引发肥胖。这样的担心不无道理。其实，有一个诀窍可以让孩子晚餐吃得好，还不用担心变胖的问题。这个诀窍就是父母合理安排晚餐，让孩子的晚餐遵循"热量少"的原则，不给孩子准备高脂类或不易消化的食物。

父母还需要注意的是，让孩子少吃零食，尤其是油炸食品、膨化食品等"垃圾食品"以及冷饮。

不挑食偏食，妈妈有绝招

说起孩子的吃饭问题，许多父母都头疼不已。下面的几个案例，就证实了这一点。

案例一：

嘟嘟一家人坐在餐桌旁准备享用妈妈精心准备的晚餐。为了给嘟嘟补充营养，妈妈做了清蒸鳊鱼、冰糖肘子、炒苦瓜三个菜，还做了紫菜汤。嘟嘟坐上椅子，一看见冰糖肘子，他就两眼发光，高兴地喊道："啊，太好了，今天有冰糖肘子呀，我最爱吃了！"说着他就把冰糖肘子的菜盘拉到了自己面前，拿起筷子一心一意吃了起来。这时妈妈夹起一块苦瓜，对嘟嘟说："嘟嘟，来，吃点苦瓜，苦瓜去火。"嘟嘟只管低头吃他的，没理妈妈。爸爸将鱼肉剔好刺放到嘟嘟的碗中，嘟嘟把碗推到一边，还是只顾吃他的冰糖肘子。看到嘟嘟这样挑食，妈妈在一旁直摇头。

案例二:

巧巧一家人正在吃晚饭,但是餐桌上的气氛显得很诡异,只有巧巧一个人在开心地大口大口吃着饭,爸爸妈妈在一旁大眼瞪小眼,看着巧巧直皱眉头。餐桌上摆放的是两菜一汤:西红柿炒鸡蛋、鱼香肉丝、青菜汤。这么诱人的饭菜,爸爸妈妈为什么不吃呢?原来是因为巧巧只喜欢吃西红柿炒鸡蛋、鱼香肉丝和米饭,除此之外什么都不吃,所以他们家每天都是老三样。每天都吃同样的饭菜,难怪爸爸妈妈没有食欲,餐桌上没有热热闹闹的氛围了。

案例三:

念念正坐在餐桌旁吃饭,可是他根本不是在吃饭。只见他左手扶着碗,右手拿着筷子,漫不经心地数着米粒,碗中堆成山的蔬菜和肉都被他挑到一边。爸爸妈妈坐在一旁紧紧地盯着他。

爸爸说:"念念,你今天不把碗里的青菜和肉吃完,不许出去玩。"

妈妈说:"念念乖,你把碗里的米饭和菜吃完,妈妈给你买巧克力……"

念念还是无动于衷。

这顿饭都吃半个多小时了,饭菜早已经凉了。看着念念这么一副吃饭不情不愿的样子,爸爸终于忍不住了,他一把抓过碗筷给念念喂饭。谁知刚喂了两口,念念"哇哇哇哇"将吃进的饭菜全都吐了出来。

事实上,和上面案例中的三个孩子一样爱挑食的孩子还有很多，他们遇到不喜欢的食物坚决不吃，还喜欢一边吃一边玩。据统计，世界上几乎有一半的孩子存在偏食、挑食的问题。孩子的吃饭问题几乎成了全世界父母的难题。

孩子如果长期偏食、挑食，不仅影响他的身体健康，还可能给他的智力发展带来不可逆的影响。人体维持生命活动需要一定的物质基础，想要孩子保持身体健康，他就需要获得全面均衡的营养。如果只让孩子吃他喜欢的饭菜，即使是山珍海味，也不能满足孩子生长发育的全部需要。因此，父母一定要给孩子的饮食习惯立下规矩，帮助孩子改掉挑食、偏食的坏习惯，让孩子喜欢上营养丰富的食物。

下面的一些措施，父母可以尝试一下：

第一，尽量让孩子对食物感兴趣。假如孩子挑食、偏食非常严重，那么父母首先应该做的就是让孩子对食物感兴趣。这就需要爸爸妈妈改进厨艺，把饭菜做得色、香、味俱全，这样孩子自然会胃口大开了。父母还要注意，最好不要让孩子意识到父母不爱吃饭。如果一到吃饭时间，父母就如临大敌，并且让孩子也感受到这种情绪，就会增加孩子的心理负担，会让他把吃饭当成是一种不得不完成的任务。

第二，父母要以身作则，做到不挑食、不偏食。父母在给孩子设立规矩的时候，自己要以身作则，不但在吃饭的时候不说"不喜欢吃这个，不喜欢吃那个"，而且要体现在实际行动中。另外，有的父母一高兴就喜欢带着孩子吃快餐，其实那并不是爱孩子，而是害孩子。那些快餐以油炸、腌制以及添加人工色素和香精的食物居多，不仅危害孩子的健康，还会破坏孩子的味觉。

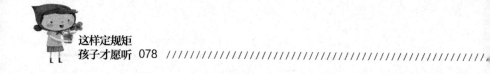
　　第三，创造良好愉快的就餐环境。心情好，胃口自然好。因此，父母切忌在饭桌上批评孩子，破坏孩子的心情。父母可以利用就餐时间与孩子多多交流，谈论一些轻松的话题，同时对食物大加赞赏，这种积极的心理暗示，会让孩子觉得吃饭是一件开心的事情，自然就会大口大口地吃了。

　　除了以上三点，父母还应做到，对孩子的点滴进步都要及时地进行表扬。比如，孩子在大人的鼓励之下愿意尝试不喜欢吃的饭菜，不管他吃多少，父母都应该对他的进步给予表扬。这样，孩子会有一种自豪感，从而也会增强继续进步的积极性。

早睡早起，规律作息好习惯

许多父母从早上就开始着急上火，让他们着急上火的对象就是家里的"小赖床精"。虽然父母早早就叫孩子起床，可孩子还是躺在被窝里，眼睛都懒得睁开，每次都非要等家长发脾气，才懒洋洋地打着哈欠坐起来，慢条斯理地穿衣、洗漱。眼看就要迟到了，父母精心准备的早餐孩子也吃不了几口，就去上学了。

到了晚上，孩子却来了精神，已经很晚了，却不愿意睡觉。父母经过一天忙碌的工作，早已经筋疲力尽了，他们希望孩子能够早点睡觉，好让父母做点家务或者早点休息。可是孩子根本不会像父母想的那样"善解人意"，他们不是追逐嬉戏，就是哭闹，有时候还缠着爸妈，要求再讲一个故事或再喝一杯水后才睡觉。往往是一直到晚上10点孩子都不睡觉。

然后第二天孩子又开始赖床……

就这样，日复一日，年复一年，恶性循环就没有停止过。其实，孩子早上赖床大多是前一天晚上睡得太晚所致，如果父母能坚

持让孩子早点睡觉，那么孩子睡眠充足，第二天早上就不会赖床了。慢慢地，就会形成良性循环，父母再也不必为孩子的晚睡晚起而焦虑苦恼了。对于改变孩子晚睡的习惯，下面案例中爸爸的做法值得推崇。

　　小智家里每天都会上演同样的场景：每到该睡觉的时候，爸爸就会气冲冲地把小智拖到床上，或者按到床上，小智则身体乱扭乱动，还大喊大叫："我还不想睡觉，我还想看会儿电视再睡觉！"

　　"不行！"爸爸态度十分坚决，没有丝毫商量的余地，"现在已经到了睡觉的时间，你必须按我说的做。现在，马上闭上眼睛睡觉！"

　　小智没办法，只好委屈地哭了起来。

　　这是一场充满愤怒和泪水的"战斗"。"战斗"结束后小智很伤心，大哭大闹。爸爸看到小智这样心里也很难过。

　　为了让小智养成早睡早起的好习惯，爸爸在网上查了好多办法。最后他决定用闹铃来结束父子之间的睡前"大战"，让小智不哭不闹，乖乖睡觉。

　　这天晚上，爸爸不断地提醒自己，要控制好情绪，不对小智发脾气。在让小智上床睡觉的前一个小时，爸爸设定好了闹铃，并对小智说："小智，我们现在就要开始准备睡觉了。""当然，如果你在闹铃响起之前就做好睡觉的准备，我就可以重新设定时间，让你多玩一会儿。等闹铃第二次响起，你再去睡觉。"爸爸补充了一句。

　　结果小智在闹铃响起之前就迅速完成了所有的睡前准备工作，爸爸也遵守诺言，重新设定了时间。在这段时间里，爸爸还给小智讲了几个童话故事。

这时，闹铃又响了起来。小智小声地问爸爸："是不是该睡觉了？"爸爸说："是的，快睡吧。小智真是一个听话的好孩子！"

这是第一个父子没有争吵的夜晚。从此以后，上床睡觉虽然不是什么值得期待和欢喜的事情，但是再也不会在小智和爸爸之间掀起一场"大战"了。

每一个孩子都是好动的小淘气，他们总是充满活力，到了晚上经常会想尽一切办法逃避睡觉。第二天早上，他们又赖床不起。因此，如果父母不想在早上费心劳神催孩子起床，就要在前一天晚上让孩子早点睡觉，让孩子养成早睡早起的好习惯。

按时有规律的作息，是孩子身体健康的重要保证，而且还能使孩子有充沛的精力去积极主动地学习，所以父母对此要重视起来。父母最好定好规矩，明确告诉孩子，什么时候必须睡觉，几点之前必须起床。除了上面案例中提到的闹铃，父母还可以通过以下几个方法，帮助孩子养成良好的作息习惯。

首先，父母要以身作则，养成良好的作息习惯。晚上"夜猫子"、白天"小懒虫"，孩子的这些坏习惯，与父母作息不规律有很大的关系。因此，父母应首先改掉自己昼夜颠倒的坏习惯，这样才能给孩子树立榜样。家庭成员应形成良好的生活习惯，不仅休息，连吃饭、学习、娱乐等时间都应该是固定的。只要父母首先遵守作息时间，孩子经过长期熏陶，也会形成良好的时间观念。

其次，父母应该给孩子营造安静的睡觉氛围。想让孩子早点睡觉，就要给孩子营造适于睡觉的氛围。如果到了孩子睡觉的时间，

家中还是灯火通明，吵吵嚷嚷，孩子就会了无睡意，就很难做到提前上床睡觉。因此，每当孩子该睡觉时，全家人都应该保持夜晚的宁静，关电视，熄灯，说话轻声细语，走路也不要发出太大声响，还可以给孩子放一些轻柔的催眠曲。孩子意识到该睡觉了，就会主动上床睡觉。

再次，父母可以和孩子一起讨论睡觉的时间。父母为孩子安排的睡觉时间，孩子通常都不乐意接受，导致到了睡觉的时候，孩子却不想睡觉。因此，父母可以征求孩子的意见，定出一个大家都能接受的睡觉时间，这样孩子就不会太抵触，从而能够按时睡觉。

最后，父母可以给孩子制定一个日常作息时间表。孩子养成固定的作息习惯非常重要，应该让他知道什么时候该做什么事。父母可以和孩子一起，制作一个日常作息时间表，挂在孩子房间的墙上，最好以活泼的图画形式呈现出孩子的生活规律。

定规矩小妙招：列日常惯例表

孩子越会照顾自己，就越觉得自己能干，也越能受到父母的鼓励和表扬，从而更有干劲，这是一个良性循环。为了减少和避免孩子因不良作息习惯产生的与父母之间的冲突，父母可以让孩子参与制作日常惯例表，这样就可以让孩子按照自己的惯例做事，而不是由父母督促着做什么或不做什么。

父母可以让孩子列出自己一天中所做的事，然后父母根据孩子的做事习惯标注具体的时间段，再把这些内容抄到一张纸上。如果孩子足够大，可以让孩子自己抄写，增强孩子的参与意识。当孩子按照这个惯例表做事的时候，父母可以给孩子逐一拍照，并贴在表上相应项目的后面，然后把这张表挂在孩子能经常看到的地方，让日常惯例表说了算。

这样，父母就不需要告诉孩子该做什么了，只需问孩子："按照你的惯例表，你接下来该做什么？"一般情况下，不等父母问，孩子就会主动告诉父母。

列日常惯例表的目的是让孩子觉得自己能干，做完一件事情内心会受到鼓舞。而这带来的额外好处是父母不必整天唠叨，并且会享受到更加和谐的家庭氛围。

父母可以这样列日常惯例表：

日常惯例表

时间	事项
7：00—7：10	起床
7：10—7：30	洗脸、刷牙
7：30以后	穿上外套，准备上学
…………	
17：30—18：30	写家庭作业
18：30—19：00	吃晚餐
19：00—20：00	自由活动
20：00—20：10	收拾玩具
20：10—20：40	洗澡、换睡衣、刷牙
20：40—20：45	为第二天早上选好衣服
20：45—21：00	听故事、睡觉

—● 第六章 ●—

父母定好规矩——让孩子爱上学习

学习是孩子的头等大事。几乎所有父母都希望自己的孩子成绩优异，成为父母、老师眼中的"天之骄子"。然而，总有一些孩子做作业拖拉、不认真，有时还会抄袭作业，甚至出现厌学、逃课的现象，他们让父母伤透了脑筋。玩，是孩子的天性，没有哪个孩子喜欢"一动不动"坐着学习，但是父母要让他们知道，勤奋学习可以让他们受益颇多。

作业拖拉，找准原因是关键

对于孩子来说，写作业是一件既头疼又不得不每天面对的事情；父母们则抱怨孩子写作业时边写边玩，拖拖拉拉。

孩子在写作业的时候，经常不能专心致志，总是一会儿要吃东西，一会儿要上厕所，或者索性趴在桌子上发呆。这样一来，本来半个小时就能完成的作业，孩子却要磨磨蹭蹭拖到晚上八九点还写不完，有时候甚至拖到第二天早上。

父母看到孩子写作业这样拖拖拉拉，非常着急，于是他们总是在孩子写作业的时候充当"监工"，时刻提醒孩子专心写作业。但是父母的时间毕竟有限，有时候一转身的工夫，就发现孩子又开始玩了。父母有时候甚至对孩子进行打骂，但是效果还是不尽如人意，反而导致孩子更加逆反、急躁、不听话，甚至还出现厌学问题。

浩浩是一个小学二年级的学生，平时除了学习，基本上什么也不用操心，过着"衣来伸手饭来张口"的生活。爸爸妈妈为了让他安心学习，几乎什么事都不让他做。爸爸妈妈每天早上都是做好饭菜才叫他起床，吃的喝的为他准备得一应俱全，就连牙膏也帮他挤好了。上学前妈妈把浩浩的书包整理好，爸爸帮浩浩背着书包送他上学。至于书包里装的什么，恐怕只有妈妈自己知道。

爸爸妈妈最大的愿望就是孩子可以好好学习，将来有出息。可是，有一点让浩浩的爸爸妈妈非常失望，那就是他的作业问题。浩浩写作业非常慢，如果有人陪着他，他还写得快一点。如果爸爸妈妈都没有时间陪他，他的作业就会写得一团糟。更令他们头疼的是，有时候浩浩根本记不起来老师都布置了些什么作业。还有，老师在批改作业时也发现了一些问题，例如，浩浩经常不按照顺序做题，而且还不写题号，使作业看起来非常混乱，所以浩浩经常会做错题，漏做题。

为此，浩浩妈妈没少被老师叫去。经过一番交流后，妈妈反映说浩浩在家做作业之前总是准备不好文具，等到用的时候才手忙脚乱地去寻找。比如，每次等到作业写错了的时候，浩浩才去寻找橡皮来擦；写着写着铅笔尖断了，这才去找削笔刀；等等。总之，每次写作业，浩浩总是要来回跑几趟，一会儿去拿这个，一会儿去拿那个，也因此浪费了不少时间。结果原本一个小时可以完成的作业，他却要花两个小时甚至更长时间才能完成。浩浩的爸爸妈妈非常苦恼：自己各方面都已经做得很好了，怎么浩浩还是这么令他们失望呢？

其实，只要找到孩子做作业拖拉的原因，这个问题就不难解决。只要家长针对不同的原因对症下药，给孩子设立相应的规矩，那么孩子写作业拖拖拉拉的坏习惯就会慢慢纠正过来。

通常来说，孩子做作业拖拉的原因有以下几点：

第一，条理性差。有的孩子在生活中做事没有条理，总是丢三落四，不懂得合理安排和规划，写作业当然也是一样的。案例中的浩浩就是这样，写作业时不知道将学习用具准备齐全，等到用时才慌慌张张去寻找。还有一些孩子不懂得合理安排做作业的顺序，不会根据难易程度及兴趣依次完成作业。孩子不懂合理规划，写作业当然不会快。其实孩子的这种情况，与父母一手包办有很大的关系。对于小孩子，家长往往缺乏耐心，他们认为与其让孩子将事情做得一团糟，还不如自己代劳。殊不知，这种做法却剥夺了孩子锻炼的机会。时间一长，孩子就容易养成惰性，不仅仅身体懒惰，思想也会形成惰性。在平时的生活和学习中他们不会主动去做事、去思考，不管什么事都会习惯性地依赖他人。

第二，追求完美。这和父母追求完美有一定关系。有的父母追求完美，也希望孩子是完美的，样样都要求孩子做到最好。哪怕孩子身上有一点小问题，父母也会将其放大，认为非常严重，要求孩子必须改正。比如孩子在写作业时，哪怕有一丁点儿不完美的地方，父母都要求孩子改正。在父母的影响下，孩子会要求自己将作业做得尽善尽美，虽然做得正确，但是看起来稍微不美观，他都会用橡皮擦掉重新写，所以孩子写作业的时候总是习惯用橡皮擦来擦去。这种现象，心理学将其定义为"橡皮综合征"。"橡皮综合征"的结果是，孩子写作业更慢，或者是对学习充满恐惧。

第三，学习基础差，对学习没有兴趣。有的孩子学习基础差，许多题不会做，当然就不可能主动写作业，而是能拖就拖。还有一些孩子对学习没有兴趣，只想着玩，写作业能凑合就凑合，实在逼得没办法才去做一点。

第四，故意磨蹭。有的父母望子成龙心切，在孩子完成作业以后还会额外让孩子多做些题。孩子因为不想完成额外的作业，只好磨磨蹭蹭，结果导致很长时间都做不完作业。

第五，没有时间观念。有的孩子没有时间观念，做什么都慢条斯理，不慌不忙，写作业更是如此。很多父母习惯将孩子的日常作息安排好，他们经常一次又一次地提醒孩子、催促孩子："该写作业了。""快吃饭吧，别玩游戏了！""该洗澡了。"父母把一切都安排妥当，孩子就不用考虑什么时间该做什么事，自然也就缺少时间观念。

找到原因后，父母可以有针对性地订立一些规矩，帮助孩子改正做作业拖拉的坏习惯。

第一，针对孩子条理性差的问题，父母可以试着适当放手，让孩子学会自我管理，学会安排自己的学习和生活，让他干一些力所能及的家务，这样孩子就会变得越来越能干，做事也会越来越有条理。当然，孩子起初做事可能缺乏条理，所以父母可以适当给予指导。在孩子写作业时，父母最好建议孩子先做简单的题，把不会的题先放在一边，等到简单的题做完再统一解决难题。这样，孩子可以专心做题，而且可以节省时间，大大提高学习效率。

第二，如果孩子患有"橡皮综合征"，那么父母就要重新审视一下自己是否对孩子要求过于严格。孩子还小，父母要容忍孩子身上小小的缺点和不足，允许他们犯错，允许他们改正。对于孩子，父母不要过多责骂，而要给予适当的奖励措施。这样孩子做起作业来就会得心应手，而不会畏首畏尾，因害怕而出错了。

第三，如果孩子因为学习基础差，对学习不感兴趣而写作业拖

沓懒散，那么父母就要抽出时间耐心辅导孩子，给孩子补充基础知识，同时尽量通过游戏等方式，让孩子感受到学习的乐趣。

第四，不给孩子安排"父母作业"。如果孩子作业完成得很好，那么剩余的时间最好让孩子自由支配。否则，孩子就会故意拖慢写作业的速度，长此以往，就真的养成写作业拖拉的坏习惯了。

第五，父母要重视培养孩子的时间观念。父母可以采取以下几条措施，帮助孩子养成快速高效地完成作业的好习惯。

（1）用小闹钟提醒孩子。设定小闹钟，可以帮助孩子快速高效地完成作业。父母可以根据孩子作业的难易程度和作业总量，估算出孩子做完作业大致所需的时间。在孩子写作业之前，父母可以让他自己定好闹钟。如果孩子在闹铃响起之前完成了作业，他就会非常有成就感，从而不再把写作业当成是负担，做作业也会更加轻松自如。

（2）在规定时间内完成作业。有的孩子写作业拖拖拉拉，直到很晚才能完成，这就导致睡眠时间减少了。孩子睡眠不足，第二天没有精神，学习效率就会下降。长期下去，这对他的健康也会造成不利影响。针对这种情况，父母可以规定写作业最晚的时间，比如晚上9点以后必须睡觉，不能再写作业了。即使没有做完，也不能再写了。孩子没写完作业，会受到老师的批评。孩子知道拖拉会产生严重的后果，以后就会抓紧时间完成作业了。

（3）把作业当成考试。父母可以将孩子写作业当成是一场考试，规定孩子必须按时完成。这会使孩子产生紧迫感，将作业做得又快又好。同时，这种办法还可以增强孩子的学习兴趣，也给日常生活增添了乐趣。

认真细心，不做"小马虎"

在生活中，我们会经常听到父母抱怨自己的孩子马虎：

"我家孩子是个'小马虎'，在抄写数学题的时候，明明是'6'，他却抄成'9'。"

"我家孩子更马虎，明明盯着书上的'+'号，手上愣给写成'－'号。"

"我家的还是女孩子呢，也马虎得很，每次上学的时候总是会落东西，不是忘带书本，就是忘带文具。我还得给她送去。"

…………

一项关于"马虎"的调查结果显示，在某小学上百名学生中，高达70%的学生在学习过程中常常马虎大意。这表明马虎的现象十分普遍，父母们要给予足够的重视。

许多孩子由于粗心大意，在考试时把不该做错的题做错了，自己会非常难过，同时会理直气壮地说："我这次没考好，不是因为我不会，而是因为我有点粗心，下次我肯定能考好。"父母也认同

孩子的观点，他们认为只要孩子聪明，马虎一点也没什么关系，下次细心一点就行了。

其实不然。粗心的毛病从小的方面说会影响孩子的学习成绩，给孩子的生活造成困扰，从大的方面说还有可能给人们带来各种各样的不幸和灾难。

相传宋朝京城有一个画家，此人作画不够严谨，往往随心所欲。有一天，他刚画好一个虎头，只听得有人说"请给我画一匹马"，他就随手在虎头下面画上了马的身子。来人问："你画的是马还是老虎？"他答道："管他呢，马马虎虎吧！"那人听了，生气地说："你怎么能这么凑合？我不要了。"那人说完转身就走了。画家毫不在意，还把画挂在了厅堂里。他的大儿子看见了问他："您画的是什么？"他随口答道："是老虎。"他的小儿子也看见了，问他："您画的是什么？"他漫不经心地回答："是马。"孩子们没看见过真正的马和老虎，就信以为真，牢牢记住了马和老虎的模样。

有一天，大儿子外出打猎，他看见了一匹好马，却误以为是老虎，将其一箭射死了。画家只好向马的主人赔偿损失。他的小儿子在野外碰到了老虎，以为是马，迎上去就要去骑它，结果被老虎活活咬死了。画家悲痛万分，他痛恨自己画画不认真，做事不严谨，一怒之下把那幅虎头马身的画烧掉了。为了警示后人，他还写了一首诗："马虎图，马虎图，似马又似虎，长子依图射死马，次子依图喂了虎。草堂焚毁马虎图，奉劝诸君莫学吾。"

这就是"马虎"一词的由来，后人就用"马虎"来形容某人做事草率或做事不认真、粗心大意。这个故事虽是传说，但有一定的教育意义。父母可以给孩子讲述这个故事，让他们了解马虎带来的严重后果，从而改掉粗心大意的坏毛病。

要改掉孩子学习马虎的坏习惯，首先要找到孩子马虎的原因。孩子马虎通常有四个原因。一是性格。一般来说，脾气比较急躁的孩子容易出现马虎的现象，他们做什么都心急，着急慌忙难免出错。二是态度问题。有的孩子对待学习不认真，习惯敷衍了事，很容易因粗心而顾此失彼。三是孩子对所学知识掌握得不牢固。有研究表明，孩子做特别熟悉的习题时不会马虎，因为他们不假思索就能做对那些题目。对于生疏的习题，孩子也不容易出现马虎的现象。然而对那些半生不熟的题目，孩子们常常会出现马虎的情况。他们乍一看习题感觉挺简单，可实际上自己的知识又没有掌握牢固，这种情况下就容易出错。四是焦虑，它是针对考试而言的。有的父母对孩子期望值太高，过分看重孩子的成绩，致使孩子一到考试就紧张，心理负担过重，结果平时会做的题考试时却不会做或频频出错。当然，除了孩子自身的原因，如果父母平时没有培养孩子做事认真细心的好习惯，孩子也会出现马虎的现象。比如，孩子喜欢一边写作业一边看电视，父母却没有及时帮助纠正，或者让孩子经常在环境嘈杂的环境下学习等，都会使孩子养成马虎的坏习惯。因此，父母想要帮助孩子改掉马虎的坏习惯，就应该与孩子站在同一条起跑线上，与孩子一起努力！

对于学习马虎的孩子，父母不要严厉批评甚至打骂他们，而是要给孩子设立相应的规矩，多一些引导，少一些指责，这样才能从根本上解决问题。

针对孩子马虎的情况，父母可以设立以下三方面的规矩，帮助其改正不良习惯。

第一，学习、做作业要专心。很多孩子放学回到家做的第一件事就是打开电视，然后拿出书本写作业，看电视和学习同步进行。这种习惯会使孩子正常的学习思维常常被打断，做作业时就会出现马虎的情况。因此，父母一定要规定孩子在写作业时不能看电视，同时父母也要避免在孩子学习时看电视或者进行打牌等其他娱乐活动，因为这样很容易让孩子分心，使他不能专心致志地学习、做作业。

第二，要求孩子在做完作业后再认真检查一遍。大多数父母都会在孩子写完作业以后帮助孩子检查作业，然后指出错误的地方让孩子改正。这样做容易让孩子养成依赖心理，更容易做题马虎，因为他们觉得即使自己做错了，父母也能检查出来。因此，父母应该要求孩子自己检查作业并改正错误，并且要求孩子每次做完作业、试题以后都要从头到尾认真检查一遍，这样孩子就会对自己的学习效果有一个大致的了解。父母即使偶尔查看孩子的作业，发现错误也不要直接指出来，可以给孩子划出一个范围，让孩子自己找出错误的地方并改正过来。而且，父母还要告诉孩子一次性做对的重要性。

第三，规定一些惩罚措施。如果孩子经常因为马虎而做错题，父母就可以规定一些惩罚措施，让孩子承担马虎带来的后果。当然，这些惩罚措施不包括体罚，可以是取消原定的外出计划，也可以是减少孩子看电视的时间，还可以是让孩子背一些劝诫人不能马虎的小诗、格言、小故事等。

拒绝三心二意，让孩子学习更专一

有一天，天气格外晴朗，猫妈妈准备带着小猫去小河边钓鱼。

来到小河边，小猫迫不及待地钓起鱼来。小猫安静地等了一会儿，渔竿还是一动不动，它有些着急了。它看看妈妈，妈妈在目不转睛地盯着渔竿。这时一只蜻蜓从远处飞来了，它在小猫面前飞来飞去。小猫立刻放下渔竿，想要捉住蜻蜓。但是蜻蜓飞走了，小猫只好垂头丧气地回来了。

这时妈妈已经钓了一条大鱼，小猫开始着急了，它也像妈妈一样坐下来钓鱼。这时一只漂亮的蝴蝶飞了过来，小猫再次放下渔竿，又去追蝴蝶了。可是蝴蝶越飞越远，小猫只好空手回到河边。

它发现，一会儿的工夫妈妈又钓到一条大鱼。小猫吃惊极了，它问妈妈："妈妈，为什么您能钓到那么多大鱼，我却连一条小鱼也钓不到？"妈妈笑了笑说："孩子，钓鱼要专心，可是你一会儿捉蜻蜓，一会儿捉蝴蝶，怎么能钓到鱼呢？"小猫听了妈妈的话，就坐下来专心地钓鱼。

蜻蜓和蝴蝶飞来了，它却像没看见一样，一直静静地等着鱼儿上钩，最后，小猫终于钓上来一条大鱼。

这就是经典的儿童故事《小猫钓鱼》。小猫一开始表现得很浮躁，它没有专心钓鱼，结果一条鱼也没有钓到。后来，小猫一心一意地钓鱼，终于钓到了一条大鱼。

在现实中，好多孩子和小猫一样，做事不专一，什么都想做，可是什么也做不成。比如，有的孩子看到歌星在舞台上光芒四射，非常羡慕，就希望长大以后做一名歌星。他看到企业家事业有成时，又想当一名企业家。确定了自己的理想后，他却不愿为了实现自己的理想而努力学习。还有一些孩子兴趣爱好转换太快，今天对绘画产生兴趣，明天却嚷嚷着要学电脑，后天不知道又要学什么，学的内容虽多，却没有一样能学好。他们总是这山望着那山高，从来不会为了一件事情或爱好拼尽全力，而是"东一锤西一棒"，犹如浮光掠影、蜻蜓点水。

浮躁的孩子在学习中总是心绪不宁，不能静下心来学习，更不愿意脚踏实地地去学。他们的一个显著特征就是"想得多做得少"。父母应做的就是帮助孩子去除浮躁心理，让他们能够静下心来专心学习。

有一位世界著名的音乐家，在成名前曾去英国留学。有一段时间，他在生活和学习上遇到了许多不顺心的事，这让他感到莫名的烦躁。

他尝试了多种方法，想要排解不良情绪，但是都不奏效。就在心灰意冷感到绝望的时候，他忽然想到了重洋之外的父亲。于是，他赶紧修书一封，告知父亲自己的处境，想要从父亲那里得到点拨。

很快，他收到了父亲的回信。他感到格外欣喜，拆开信读了起来。父亲的信比较简短，但是每句话都发人深省，说到了他的心坎里。在信中，父亲语重心长地说道："若想静下心来，就要经得起外面花花世界的诱惑，要坐得住冷板凳，才能保证心灵的畅通无阻，才能让知识直达头脑和内心。"

读完父亲的信，他感觉豁然开朗，不再为那些生活琐事而感到烦躁不安了，而是静下心来学习相关的音乐知识。很多年过去了，当他成为世界级音乐家站在顶级的舞台上表演时，他依然能够记起父亲当年在信中说过的话。

学习，其实是学习者在一个陌生的领域里不断摸索、不断进步的过程，它要求学习者有缜密的思维，并做出实际行动。浮躁的情绪显然与学习的要求背道而驰，于学习无益。父母只有消除浮躁不安的情绪，静下心来，才能走向成功。

对于孩子们来说，他们生活在一个五彩缤纷的世界，经受着来自周围新鲜事物的诱惑，很容易经不起诱惑，而分散学习的精力。他们常常不能专注于一件事情，什么都想学，希望鱼和熊掌兼得。然而，这样的思想是要不得的。著名国学大师陈寅恪说过这样一句话："心有浮躁，犹草置风中，欲定不定。"他想要告诫学生们学习时一定不能浮躁，只有安定心神，专心致志专攻学业，才能有所获益，有所成就。

如果父母发现孩子在学习的过程中出现浮躁的现象，学习不专注，或者眼高手低，不能脚踏实地去学习，那么就要给孩子制定一些规矩帮助孩子潜心学习。

那么，父母需要怎么做才能帮助孩子克服浮躁心理呢？

首先，也是最重要的，就是父母要为孩子创造安静的学习氛围。孩子的自制力不够，外界的喧嚣和嘈杂很容易影响孩子的学习。因此，父母要避免它们过多地干扰孩子，使孩子无法专注于学习。另外，为了孩子的学习，父母还应有所节制，做出一些牺牲，要想方设法给孩子创造一个安静的不受干扰的学习环境：在孩子学习的时候不要看电视、玩手机，即使是手机通话也要压低声音，或者去另一个房间；在孩子学习时不要在家里打麻将、玩牌；在孩子学习时，尽量避免家中人来人往，尤其是不要与人高谈阔论……总之，在孩子学习时，父母尽量不要让自己的活动给孩子的学习造成干扰。

其次，当孩子学习较长时间后变得心烦意乱的时候，父母可以让孩子稍事休息，听几首舒缓的音乐或者看一会儿电视，还可以带孩子出去转一转，调节孩子的心情，让孩子心境平和，这样才能让孩子以更加充沛的精力重新投入到学习当中。

最后，父母还要积极培养孩子的自我约束力。孩子的注意力容易分散，与孩子的自我约束能力差有很大关系。父母可以通过游戏等方式，帮助孩子提高自我约束力。比如，父母可以和孩子一起玩一些具有严格规则的游戏，使孩子在游戏中体会到遵守规则的重要性，从而形成一定的自我约束力。

"copy"作业，抄袭成瘾好纠正

　　孩子一天一天地长大，他们的自尊心也越来越强，往往一句批评的话就会使他们面红耳赤、伤心不已，一句夸奖的话则会使他们笑逐颜开。作业本上大大的"叉"能让他们颜面尽失，一个大大的"优"则能让他们心花怒放。为了那个大大的"优"，他们绞尽脑汁，想出了各种各样的办法。抄袭作业是他们运用的主要手段。

　　为了抄袭作业，他们不惜"起早贪黑"，与那些所谓的"学霸"打电话、QQ来往，有时登门拜访，拿零食"贿赂"，通过各种方式联系，只为得到一份"标准答案"，然后再抄写一番，冒充自己的学习成果。随着科技的发展，利用电子产品抄袭成了一种新的抄袭手段。

　　璐璐是一名六年级学生。看到她的班上很多学生都用上了智能手机，于是她的父母也给她买了一部。

　　买了手机以后，璐璐还是和往常一样，回到家就做作业、学

习，只不过她感觉累了的时候会用手机玩一会儿小游戏。她的父母感觉玩游戏可以让孩子放松放松，也没什么不好。可是后来，璐璐的爸爸发现，璐璐写作业时还捧着手机，这有点让人捉摸不透。

有一次，璐璐的爸爸无意中发现，孩子有时候用手机给作业题拍照，这让他更加困惑了。为了弄清事情的来龙去脉，璐璐的爸爸翻看了女儿的手机。结果让他大吃一惊——女儿手机里下载了好几个答题软件，有的软件声称只要把作业题目拍照上传，1秒钟就能给出答案。

璐璐也曾多次向爸爸"讨教"，问他数学题怎么解答，作文怎么写，可是璐璐的爸爸只有小学文化，又常年在外做生意，经常无法指导孩子学习。璐璐在班里学习成绩中等，有不会的题她不敢问老师，也很少和其他同学交流。因此，对于孩子用手机搜题的做法，璐璐的爸爸表示理解，不过他认为这样做虽然方便，但是会影响孩子独立思考的能力。

对于这种做法，一位校长直接指出，这是一种变相的抄袭。一开始可能孩子在不会做题的时候用手机帮忙解答，时间长了，可能对于原本会解答的题孩子也会用手机找答案，这就是抄袭了。

刚开始抄袭作业的时候，孩子可能还会有所顾虑，毕竟这是一件丢脸的事情，万一被父母或者老师发现了，自己就会很难堪。可是当抄了一两次没被发现之后，孩子就会无所顾忌，越抄越大胆。他们觉得，抄袭作业比自己动脑思考做作业方便省事多了。即使抄袭可能会被发现，他们也还是会铤而走险。抄袭作业一旦开了头，想要改正过来就很难了。

当孩子养成抄袭作业的习惯后，他们会变得上课听讲不专心、经常开小差、不去积极主动思考问题，时间长了，他们就会形成惰性，产生依赖心理。这种依赖心理会影响到升学、人际交往等生活的各个方面。

至于孩子形成抄袭习惯的原因，除了满足虚荣心，还有许多。

超超经常抄同学的奥数作业，他的理由是：老师在课堂上讲的奥数题他听不懂，就算听懂了，做作业的时候也忘了。他向爸爸妈妈请教，可是他们也不会，反而责问他为什么上课时不好好听讲。他学习成绩一般，又惧怕老师，不想请教老师，于是抄袭就成了一种快捷又有效地完成作业的方法。

还有一位同学东东，父母给他报了5个辅导班。每天放学，他除了完成老师布置的作业，还要抓紧时间完成辅导班的作业。有时候课内、课外的作业非常多，到晚上11点还做不完。因此，东东就想出了"抄袭"的办法来帮自己减负。

小龙抄袭的原因与上面两个孩子不同，他纯粹是因为贪玩不想写作业。小龙是一个活泼爱动的孩子，喜欢各种体育项目和各种电脑游戏，一玩起来就忘了写作业的事情。特别是每到周末，他周五晚上看动画片，周六找小伙伴玩，周日上午还想着玩，直到下午才想起作业还没写。情急之下，他只好借同学的作业"复制"一下。

虽然孩子抄袭作业的理由五花八门，但是抄袭作业终归是不好的习惯。所以父母要给孩子设立规矩，帮助孩子改掉抄袭作业的坏习惯。

首先，父母要让孩子明白，学习是为自己学的，完成作业也是自己的事情，父母、老师只是起到监督的作用。孩子不要把完成作业当成是完成老师、父母交给的任务。抄袭作业看起来使自己的虚荣心得到了满足，实际上是在欺骗父母、欺骗老师，更是欺骗自己。

其次，父母要让孩子理解老师布置家庭作业的重要性。完成家庭作业的过程，可以帮助孩子巩固和加深理解当天学过的知识，使课堂学习到的知识真正进入孩子的脑海里。

最后，父母要做到时刻关注孩子，对于孩子微小的进步也应给予表扬，让孩子体会到独立完成作业带来的成就感，从而养成独立完成作业的习惯。

孩子逃学，不打不骂来教育

丁丁是一个性格内向、孤僻的学生，经常独来独往，每天按时上学，放学按时回家。有一天，丁丁的班主任给丁丁的爸爸打电话说丁丁经常头疼，建议带孩子去医院检查治疗，以免延误病情。丁丁的爸爸二话不说，带着丁丁到处去看病，结果钱没少花，丁丁的头疼病却一点也没有好转。

后来，丁丁头疼得越来越频繁。每次头疼发作的时候，他都趴在课桌上，不管同学和老师怎样叫他，他都不肯起来。他只要回家休养一段时间就会康复，但是每到星期一丁丁的头疼病准会复发，结果每个星期一丁丁的爸爸都要打电话向老师请假。

有一次，丁丁背着书包去上学，走到半路又返回家里，说自己头疼，爸爸只好再次为他请假。后来又有几次同样的情况发生。

后来有一天，丁丁的老师给丁丁的爸爸打电话，说丁丁没去上课。爸爸一听急坏了，他说："丁丁去上学了啊！"然后和几个人一起寻找丁丁，最后在附近的一条小沟里找到了他，他正玩得起劲呢。丁

丁的爸爸十分震惊，他万万没想到，自己的孩子居然逃学了。

看看我们身边的孩子，和丁丁一样为了逃学而装病的孩子不在少数。为了逃学，他们可能会在一夜之间"患上"各种各样的疾病，有的说自己感冒了，有的喊肚子痛，有的说自己头疼，等等。这些病非常奇怪，它们会在孩子不想上学的时候出现，而当孩子如愿以偿不用去上学的时候，不用吃药打针，这些病就会奇迹般地康复。因此，生病就成了孩子逃学惯用的借口。

除了生病，孩子们还会绞尽脑汁想出其他各种各样的理由来逃避上学，有些理由甚至让人啼笑皆非。下面是摘抄自网上的一些小朋友请假的理由，让人禁不住捧腹大笑。

——我觉得我生病了，感冒、咳嗽、喉咙痒，还拉肚子，而且咳嗽会传染给小朋友的！

——今天轮到我讲故事了，我怕讲不好，多丢爸爸妈妈的脸呀！

——因为我觉得今天会下雨，所以我不想去！

——某某某请过好几次假，我一次都没请过。

——今天我一起床，就觉得魂不附体、手无缚鸡之力、面黄肌瘦。去医院看病，特此请假一天，请批准。

——我的心脏病犯了，我想请假一万年，请准假。

看了孩子们请假的这些理由，父母们一定感觉哭笑不得吧！其实，这些还只是表面原因，孩子逃学还有更深层次的原因。

有一部分孩子是由于贪玩而逃学。爱玩是孩子的天性，他们喜欢去校外自由自在地玩耍，不受课堂纪律的约束。有的孩子迷恋玩电子游戏，以至于找出各种各样的理由逃学。还有一些孩子是因为在学习中遇到了难题所以逃学。这类孩子平时学习还不错，可是一旦遇到挫折，就会因为惧怕学习而逃学，这其实是面对挫折的一种消极态度与行为。有时候老师体罚、羞辱、歧视学生等也会造成孩子厌学，甚至逃学。此外，人际关系紧张也是孩子们逃课的一个原因。孩子在学校的人际关系好坏，关系到他是否受大家欢迎，也关系到他的心情的好坏。

孩子如果处理不好人际关系，在班级就极易受到大家的冷落，因此感觉不到班级的温暖，内心缺乏归属感。为了缓解人际关系的压力，孩子可能会逃学。还有一个原因，就是孩子意志力薄弱，受到他人的唆使、引诱而走上逃学的道路。这里所说的"他人"，不仅指校内逃过学的学生，还包括一些社会闲散人员。他们的一些不良言行的示范作用以及物质引诱、威胁恐吓等方式和手段，都会诱导孩子对学习产生厌烦心理，从而想尽办法逃离学校、脱离课堂。

孩子逃学，不仅不能学到知识，还可能会因过早地踏入社会，导致自身的安全得不到保障。更严重的是，孩子可能会与一些社会闲散人员混在一起，危害社会治安。有调查结果显示，逃学所致的"流失生"的犯罪率要比在校生高出15.6倍，这足以说明孩子逃学会带来多么严重的后果。因此，对于孩子逃学这种事，父母应引起足够重视，采取适当的措施，帮助孩子改掉逃学的坏习惯。

父母知道孩子逃学后，不要一味地责骂孩子，更不能打骂孩子，否则只会适得其反，使孩子变得更加叛逆。家长可以通过以下方式来引导孩子，使孩子认识到学习的重要性，主动去学校上学。

第一，满足孩子爱玩的天性。得知孩子逃学后，父母首先应了解孩子逃学的原因，如果孩子逃学仅仅是因为贪玩或者想满足自己的兴趣爱好，如去钓鱼、去游泳或者踢足球等，父母就应该反思一下，自己平时是不是管得太严，致使孩子连正常的文体娱乐时间都没有，因而以逃学的方式来实现玩耍的目的。如果是这样，父母就要及时调整自己的教育方法，不要对孩子限制太多，应该给孩子安排一定的娱乐时间。只要孩子的生活乐趣得到满足，他就不会再通过逃学的方式来实现这个目的了。

第二，父母应该关注孩子的交友对象。人们常说："近朱者赤，近墨者黑。"如果孩子交往的对象都是一些怕学习、爱逃学的孩子，那么孩子很可能会受到影响，也会学着向父母撒谎，试着逃学。所以，父母应仔细观察孩子的朋友们的言行，如果发现孩子和他们一样不务正业，逃学撒谎，那就应该和逃学孩子的父母一起纠正孩子的逃学行为。对带头逃学的孩子的教育，显得尤其重要，正所谓"擒贼先擒王"，只要"王"不再逃学，那么其他孩子也会追随"王"回到学校。

第三，让孩子对学习产生兴趣。浓厚的兴趣是学习的原动力，孩子一旦对学习产生兴趣，就会积极地投入到学习中，不会有逃学的想法了。父母可以将"游戏"导入孩子的学习中，让孩子边学边玩，在玩中学到知识。父母还可以给孩子制定一个近期目标，当孩子实现目标后给予孩子适当的奖励。孩子体验到了学习带来的成就感之后，就不再惧怕学习，更不会逃学了。

定规矩小妙招：轻松做作业

妙招一：为孩子选对做作业的地方

要想让孩子高效完成家庭作业，父母首先应选择一处适合孩子写作业的地方，这个地方应满足以下条件：远离干扰，但不能离父母太远，要便于父母监督；环境要安静，但不能太孤立。一般来说，满足这两个条件的较好的地方是厨房的桌子（最好父母没有在做饭）、客厅的餐桌，或孩子房间的书桌（前提是孩子房间里没有让他分心的东西，如电视、游戏机等）。

妙招二：选对做作业的时间

很多父母要求孩子放学就写作业，其实这样做效果并不是太好，父母应让孩子适当休息，然后再写作业。那么，哪个时间段是最佳的写作业时间呢？一般来说，孩子放学回家之后半小时左右、晚饭前一个小时，或刚吃过晚饭，这几个时间段比较合适。但是，父母要注意的是，最好每天让孩子在同一时间段写作业。

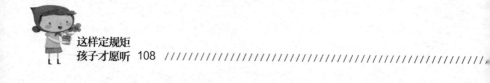

妙招三：准备好学习用品

有的孩子总是丢三落四，一会儿忘记拿书本，一会儿忘记拿橡皮，一会儿又去找削笔刀，把大把的学习时间浪费在这些小事上。这就要求孩子在写作业之前就把这些学习用品都准备好，一心一意地写作业。

妙招四：家长要做到监督而不过分干预

父母在孩子写作业的过程中，不要指手画脚，可以要求孩子写完一科作业，拿给父母过目。如果孩子完成得很好，父母就批准孩子进入下一科作业。如果孩子的作业写得邋里邋遢或者大多数答案明显错误，父母可以要求孩子重写。对于孩子不会做的题，父母可以适当引导，但不要替孩子完成。

妙招五：制定适当的奖罚措施

孩子认真完成作业以后，可以被给予适当的奖励，比如周末带孩子去公园。相反，如果孩子没有很好地完成作业，这项奖励就取消，也就是孩子周末不能去公园。这种奖罚措施有助于引导孩子自觉完成作业，积极学习。

—— 第七章 ——

休闲娱乐巧安排——让孩子越玩越出色

　　著名的教育家苏霍姆林斯基有一句名言："只有让学生不把全部时间都用在学习上，而留下许多自由支配的时间，他才能顺利地学习，这是教育过程的逻辑。"孩子不是学习的机器，他的生活中不应只剩下学习。父母除了让孩子学习外，还应顺应孩子玩的天性，给孩子足够的休闲娱乐时间。当然，孩子玩的时间也应有所限制。

游戏讲究规则，要赖要不得

每个孩子都喜欢玩游戏，但是并不是每个孩子都愿意遵守游戏规则。有的孩子玩游戏只能赢不能输，赢了就会高兴得手舞足蹈，输了则垂头丧气，甚至哭闹撒泼。父母要告诉孩子，游戏本来就是有输有赢的，要让孩子学会认输，而不是通过破坏游戏规则的方式来取得胜利。当今社会，一切都讲究秩序和规则，如果孩子小时候不愿意遵守游戏规则，那么他长大后如何在社会上立足呢？社会不会为了某个人而制定规则，也不会为了某个人而改变规则，当然孩子玩的游戏也不能因为某个孩子而改变规则。

游戏需要大家共同参与，因此每个人都要遵守游戏规则，孩子也不例外。不管什么游戏，都有一定的规则，比如，踢足球有足球比赛的规则，丢沙包、踢毽子、捉迷藏等游戏也都有各自的规则。只有每个参与者都遵守规则，大家才能玩得尽兴。也只有遵守一定的规则，才能保证游戏的公平公正。因此，父母一开始就要让孩子遵守游戏规则。

"石头、剪刀、布！"几个小朋友在房间里玩游戏，他们玩着笑着，好不热闹。

妈妈听到他们玩得这么开心，忍不住过来观战。渐渐地，她发现自己4岁的小女儿诺诺总是输，老是被哥哥姐姐们刮鼻子。

妈妈走到诺诺身边，说："诺诺，来，妈妈给你加油！"诺诺一面躲避着哥哥姐姐的刮鼻子，一面咯咯地笑着扑到了妈妈的怀里。

妈妈把孩子抱在怀里，亲了亲她的小脸蛋，问她："油加满了吗？"

"加满了！"诺诺非常开心，她自信满满地说："妈妈，我也会赢的！"

妈妈又做了一个胜利的手势，鼓励诺诺接着玩游戏。这时，妈妈感觉心里特别欣慰。

记得诺诺刚开始玩这个游戏的时候，总是输不起，一输就要赖，甚至哭闹撒泼，为此，哥哥姐姐们都不愿意和她玩。

后来妈妈告诉她，玩游戏要遵守游戏规则，赢了开心，输了也不能哭。诺诺似懂非懂地点了点头。妈妈鼓励她："诺诺，去玩吧，妈妈看着你们玩游戏，如果你赢了，妈妈会给你鼓掌；如果你输了，妈妈会给你加油！"

"怎么加油啊？"诺诺疑惑地问。

妈妈在她的小脸上亲了一口，说："这样为你加油，行吗？"诺诺愉快地点了点头。

从那以后，每次玩游戏，她都在妈妈的鼓励和加油中，自觉地遵守游戏规则。即使输了，也不会要赖，而是勇敢地接受惩罚。

　　孩子不愿意遵守游戏规则，可能有多方面的原因。有的孩子年龄比较小，还不能完全理解游戏规则，当然就不会自觉遵守。还有可能是游戏对孩子来说太难了，孩子几乎没有赢的可能，只能通过耍赖来实现"赢"的目的。此外，有的孩子争胜心特别强，总是想超越别人赢得胜利，于是破坏规则。还有一些孩子在游戏中，失败次数较多，渐渐就失去了玩游戏的兴趣，所以出现哭闹耍赖或者中途退出的情况。

　　然而，不管什么原因，孩子都不能破坏规则，父母要帮助孩子从小养成遵守规则的好习惯。在玩游戏之前，孩子首先要了解游戏的方法和规则，在玩游戏中自己遵守规则。

　　那么，父母怎么做才能帮助孩子自觉遵守游戏规则，从而使他在游戏中玩得更开心、更尽兴呢？那首先就要找到孩子违反游戏规则的原因，针对这些原因，对症下药。

　　首先，父母应根据孩子的年龄选择适合孩子玩的游戏，让孩子参与。选择的游戏既不能太简单，也不能太难。

　　其次，在玩游戏之前，父母应讲明游戏的规则，只有孩子接受了游戏规则，游戏才能进行下去。在玩游戏的过程中，父母应对孩子自觉遵守游戏规则的行为给予肯定。

　　最后，对于那些好胜心强的孩子，父母要让他们明白，只有遵守规则赢得的胜利才能让大家心服口服，自己心里也坦然，而靠破坏规则、投机取巧取得的胜利则是不光彩的。如果孩子失败次数太多，父母可以不留痕迹地故意输给孩子，这样孩子不但能明白"游戏规则需要大家共同遵守"的道理，还能体验到玩游戏带来的快乐。

休闲娱乐，让孩子释放天性

著名的教育家苏霍姆林斯基有一句名言："不能把小孩子的精神世界变成单纯的知识学习。如果我们力求使儿童的全部精神力量都专注到功课上去，他的生活就会变得不堪忍受。他不仅应该是一个学生，而且首先应该是一个有多方面兴趣、要求和愿望的人。"这句名言告诉所有的家长和老师，爱玩是孩子的天性，父母应该合理安排孩子学习和休闲娱乐的时间。

一个人的童年是短暂的，童年时的快乐更是弥足珍贵。父母时常可以看到孩子玩玩具或玩游戏那种认真投入的状态，以及开心的模样。如果父母不尊重孩子的天性，孩子的自由成长就会受到限制。然而，现代社会竞争特别激烈，许多父母都不愿让孩子输在起跑线上，于是孩子的课余生活被各种辅导班、兴趣班填满，孩子每天放学后除了要完成老师布置的作业，还要学画画、练钢琴、学声乐、练习跳舞……总之，孩子很少有自己的休闲娱乐时间。曾经有一个天真的小女孩发出这样的疑问："我什么时候能退休啊？"

很多时候，压在孩子身上的担子太重了。父母不妨换位思考，自己工作压力大的时候，是不是也希望能够痛痛快快地玩上几天？玩过以后，再回到工作岗位上往往更有干劲。玩乐可以使身心放松，也让人更加珍惜和热爱自己的生活。成年人尚且如此，更何况孩子呢？

我们给孩子强行安排各种辅导班、兴趣班的时候，有没有征求过孩子的意见？有的父母往往看到别人家的孩子学什么，也让自己的孩子跟着学什么。其实，孩子心中是极其不情愿的。

一位全职妈妈为了孩子煞费苦心，用一张A4纸列出了暑假孩子的日程表，上面密密麻麻地列出了孩子每天要做的事，这些事项加起来竟然高达20多种，其中包括上数学课、练钢琴、学习简笔画、朗读散文、背古诗、汉字描红等多种学习项目。

每当孩子完成一项或者学会一样东西时，她就非常有成就感，觉得自己的心血没有白费。

有人在背地里问她的女儿："你喜欢上这些兴趣班吗？"

"我不喜欢，但是妈妈喜欢。"

那人追问："那你喜欢做什么呢？"

孩子说："我喜欢和家里的小猫玩。"

那人又问："你的这个想法，妈妈知道吗？"

孩子无奈地说道："知道啊，但是妈妈说只知道玩，长大没出息。"

这段对话道出了孩子的真实想法。她只是单纯地想要有一些自己的娱乐活动，可是这项权利却被妈妈剥夺了。有人曾说："孩子每天的工作就是玩耍！"如果真能这样，那么每一个孩子都会热爱自己的"工作"。这份"工作"不仅能带给他们快乐，还能够使他们在玩中学到知识。

有的父母肯定会大跌眼镜："什么？玩耍也能学到知识？不可能吧！"但事实的确如此：在用积木搭建城堡的过程中，他们懂得了什么是结构与稳定性；在将小珠子穿成一串手串的过程中，他们知道了什么是对称与花样；在玩捉迷藏游戏的过程中，他们学会了制定游戏规则并去遵守规则，还学会了互相尊重；等等。不仅如此，有时候，玩耍还能激发孩子们的兴趣爱好，使其发展为自己的特长，从而在那个领域做出自己的贡献。著名的进化论创始人达尔文小时候也特别喜欢玩耍，正是他小时候喜欢观察植物和动物的变化，才成就了他后来的伟大发现。无独有偶，贝尔是在玩无线电的过程中通过不断思考、慢慢钻研发明了电话；著名的莱特兄弟是在玩滑翔的过程中制造出了飞机……

由此可见，对于孩子来说，学习和玩耍并不冲突，二者相辅相成，关键在于父母把握好二者的关系，既不能给孩子造成过重的学习负担，也不能让孩子玩得忘乎所以。下面这位妈妈的做法就非常值得借鉴。

子涵的妈妈认为，生活本应张弛有度，只有会玩的孩子才能更好地学习，因此应该给孩子较多的休闲时间，这样可以让孩子放松身心，更加健康快乐地成长。

她没有给孩子报太多的兴趣班、学习班，只是报了一个国画

班。她报国画班的目的并不是希望孩子将来能成为一名画家，而是想让孩子对中国的古老艺术有所了解，以此激发孩子对美的热爱。

妈妈经常对子涵说的一句话就是："把作业写完，你就可以玩了。"并补充道："但是做过的题一定要弄懂，不能一知半解。"

由于没报什么班，子涵在周末的时候有了很多玩耍的时间，她可以在完成作业后做自己喜欢的事情，有时候看看电视，有时候绣绣十字绣，有时候去找小朋友玩，或者去观察外面的世界。子涵的妈妈发现，女儿每天都是开开心心的，她从来没有把学习当作负担。

那么，父母应该怎么安排孩子的休闲娱乐时间，才能让孩子健康快乐地成长呢？

第一，父母应该让孩子明白玩耍和学习的关系，就像李大钊说的"要学就学个踏实，要玩就玩个痛快"，二者不能混淆。

第二，和孩子一起制订一个学习和玩耍的计划。每周或者每一天都要计划清楚，哪个时间段是学习时间，哪个时间段可以玩耍，都要列出来。如果孩子因为玩耍而耽误了学习，那么他就要受到相应的惩罚。

第三，最好每周安排1～2次外出玩耍的活动，父母可以和孩子一起玩耍，让自己的身心也得到放松。父母切记，在孩子玩耍的时候最好不要提起学习的事情，以免孩子产生心理压力，不能尽兴玩耍。

第四，父母可以把孩子的玩耍和学习结合起来，让孩子从玩中学到知识，懂得道理。比如，父母可以鼓励和指导孩子搞一些小发明、小创造，还可以支持孩子做一些调查，让孩子种植物或者养动物都是不错的选择。

合理疏导，让孩子戒掉网瘾

自从有了互联网，父母们又多了一项任务，那就是监督孩子上网，帮助孩子戒掉网瘾。

尤其是近几年随着智能手机的普及，大多数小学生都有了自己的手机。他们通过手机上网，能学到不少新知识，同时开阔了眼界。然而，一些不健康的网页、网络游戏及聊天室，也像毒品一样侵蚀着孩子纯洁的心灵。孩子一旦沉迷其中，就会难以自拔，不仅浪费了宝贵的时间，还会导致成绩直线下降，其危害不容小觑。

正因如此，许多父母"谈网色变"，他们想尽一切办法让孩子远离网络。

在网络开始风靡的时候，一位母亲看到大家都在上网，孩子班上的同学们也都开始接触网络，她果断地决定，让孩子玩电脑。

很快，孩子就开始玩电子游戏。和大多数孩子一样，孩子一接触电脑，马上就被它吸引住了，变得非常痴迷。原来看课外书的时

间，孩子用来玩游戏了，就连练小提琴的时间也被玩游戏占用了。有时候妈妈喊他吃饭，他要磨蹭好长时间才去吃，好几次饭都凉了还不见他起身。

这位母亲为此十分着急，但是她也没办法，毕竟是自己允许孩子玩电脑的。但是她不想让游戏害了孩子，于是她告诉孩子，应该安排其他时间玩游戏，之后她再也没有重复说过这句话。有几次，孩子下了机去吃饭的时候，发现饭桌已经收拾干净，这时妈妈告诉他，饭菜在厨房里，想吃的话自己去热一下。妈妈说这句话的时候，和颜悦色，一点也没有责怪孩子的意思。因为她明白，如果自己非常生气地训斥自己的孩子，只会让孩子更加肆无忌惮地玩游戏。自己心里虽然着急，但还是要和孩子站在统一战线上，真诚地分享孩子玩游戏的快乐。除此之外，在过节的时候，这位妈妈还会送给孩子一些好玩的游戏盘作为礼物。她要达到的目的是，让孩子有自制力，自己控制上网时间。

后来，孩子逐渐长大，只能在周末回家。妈妈规定，孩子要在周末时练小提琴。结果孩子周六玩游戏忘了练琴，他羞愧地对妈妈说第二天会多练一会儿。周日孩子在快下机的时候才想起没有练琴，只好匆匆忙忙地练了一会儿。又一个周末到来了，孩子虽然记着练琴，可是效果却很不好。孩子显得很沮丧，他说以后要多抽出时间练琴了。自始至终孩子的妈妈都没有批评孩子一句，她只是附和着说道："以后多练练吧"。

从这次以后，可能感觉心里有愧，孩子做事比以前有效率多了。因为这样自己既可以玩游戏又不会耽误其他事情，两全其美。尽管偶尔有几次孩子也安排得很糟糕，但是妈妈始终秉承着"不对孩子发脾气"的原则。

慢慢地，孩子不再沉迷于网络，甚至不再玩网络游戏了，因为他知道自己还有很多重要的事情要做。

无疑，上面这位妈妈的教育方法是正确的。对于孩子上网，她没有绝对禁止，这是非常明智的。对于那些沉迷于网络的孩子，父母千万不要硬性规定"以后都不许上网"，更不能打骂，否则只会适得其反。父母要明白，在教育孩子时，堵永远不如疏，如果父母强制规定孩子在家不能上网，那么孩子很有可能去网吧里泡个够，甚至做出"逃学、离家出走"等叛逆行为。

此外，上网也并不是绝无好处。有资料表明，适度上网能够提高孩子的判断力。既然如此，父母不如和孩子一起制定一个上网计划。父母应尽可能取得孩子的信任，这样就可以参与到孩子上网的过程中，从而给孩子提出一些有益的建议和要求。这是父母处理亲子关系最为理想的状态。

沫沫是一个4岁的孩子，可是她已经开始接触网络，并且对网络表现出浓厚的兴趣。鉴于孩子还小，父母开始想办法，让孩子早日远离网络的侵害。

刚开始的时候，沫沫的妈妈严格禁止孩子上网，拔了电源，又拔了网线，但是效果都不理想，反而换来了沫沫的哭闹，甚至绝食。

没办法，爸爸也参与进来，给沫沫做思想工作。可是，爸爸磨破了嘴皮子，沫沫就是听不进去，她反而觉得爸爸妈妈不爱她了。

她气呼呼地对妈妈说："妈妈，我喜欢玩你的手机，多好玩啊！你为什么不让我玩？"不仅如此，她还质问爸爸："爸爸，你总是这样说我，你们是不是不爱我了呀？"

听到女儿这样说，沫沫的父母开始反思自己的做法是不是错了。其实，对于孩子来说，父母的强制行为只会让他们产生反感情绪，让他们本能地认为父母不喜欢自己。而且大多数时候，父母越不让孩子做什么，孩子越想去做。当沫沫的父母想通了这一点后，他们决定不再禁止孩子上网，而是制定几条规矩，让孩子从网络上吸收知识，而不是纯粹的休闲玩乐。

在互联网高速发展的今天，想要让孩子成为网络的"绝缘体"，简直是不可能的。对于孩子上网，父母明智的做法就是给孩子制订一系列规则，让孩子安全上网、理性上网。下面几条规则，父母不妨一试。

第一，规定孩子晚上10点以后不能上网。孩子需要保证充足的睡眠时间，如果孩子10点以后还在上网，就会影响他的睡眠，他的健康也会受到影响。因此，即使允许孩子上网，也不能违背孩子正常的作息规律。当然，父母应该首先做到，必须在10点之前熄灯睡觉。

第二，规定孩子每次上网时间不能超过1小时。孩子上网必须在他完成作业之后，并且上网时间不得超过1小时。父母可以对孩子的表现做出评价，如果孩子严格按照规定时间执行，那么父母可以给孩子一个小小的奖励；如果孩子超过1小时还要继续上网，那么父母可以缩短他下一次上网的时间。

第三，父母不能打扰孩子上网。为了公平起见，在孩子上网期间，父母不能站在孩子身后密切监视孩子，或者不放心地在孩子周围走来走去。不过，孩子也要答应父母，他们可以定期检查自己浏览过的网站。

第四，收费的游戏不能玩。父母应规定，孩子不能玩收费的游戏。媒体经常报道，孩子因玩游戏花掉父母几千甚至几万十几万元钱。孩子不仅沉迷于虚幻的网络游戏，还花掉父母辛辛苦苦挣来的钱。因此，这一条规定父母绝不能妥协，应作为孩子上网规矩的底线。

第五，定期向父母汇报上网心得体会。父母可以引导孩子多去浏览一些新闻网站，鼓励孩子将自己看到的新闻和父母分享，这样不仅能让孩子开阔眼界，还可以锻炼孩子的语言表达能力和对一些事件的分析能力。除了新闻，孩子在其他网站上看到的内容都可以拿来和父母分享，可以和父母说一下自己看到了什么，有什么感想等。

简单几招，让孩子不做"电视奴"

每个人家里都有一个特殊的"保姆"，孩子对它非常依赖，几乎想要时时刻刻和它待在一起，大多数孩子和它待在一起的时间比和爸爸妈妈待在一起的时间还要长。不错，这个"保姆"就是电视。当妈妈上厕所时，忙着做家务时，或者想偷会儿懒玩会儿手机时，她就会把孩子交给电视"保姆"。

说来奇怪，在电视"保姆"的"悉心照顾"下，孩子会变得特别乖，不哭闹，不缠着父母，所以电视"保姆"被奉为父母的"哄娃神器"。有的孩子即使在大哭大闹时，看到丰富多彩的电视画面也会破涕为笑。有的孩子一边用勺子往嘴里送饭，一边目不转睛地盯着电视，甚至在上学的前一分钟还在看电视。一到周末，孩子更是离不开电视，甚至即使有小朋友找他玩他也不去了。电视就像磁铁一样紧紧地吸引住了孩子的视线，让孩子在不知不觉中沦为了电视奴。孩子总是乐此不疲地看电视，父母却为此忧心忡忡："孩子总是这样坐着看电视，既不学习，也不运动，长期如此还不出问题啊！"

父母的担心是不无道理的。据研究表明，看电视对孩子的身心发展十分不利，主要表现在以下三个方面：

第一，看电视会导致不良的饮食习惯。虽然父母能帮孩子选择电视节目，但是父母没办法不让孩子看广告。孩子们每次看电视都会看到大量的广告，而这些广告大多数是关于为孩子量身打造的食物和玩具。在耳濡目染之下，孩子就会认为广告里的食物是最好的食物，他们禁不住广告的诱惑，非要缠着父母购买，而父母又经不住孩子的软磨硬泡，给孩子购买。长此以往，孩子很可能就会变得不爱吃饭，喜欢吃零食，从而养成不良的饮食习惯。

第二，看电视会使孩子减少其他有益活动。孩子看电视时间长了，自然从事其他活动的时间就会减少。但孩子语言和智力等方面的发展和提高不能借助于看电视，而需要孩子与他人积极进行互动来实现。孩子看电视，一般只是在被动地接受电视节目的内容，不会主动去思考，这明显不利于孩子智力的发展。

第三，看电视还容易使孩子患上肥胖症。孩子坐在电视机前，用遥控器调台，根本没有进行体力活动，这就会使他的身体的代谢率降低，消耗的能量非常低。而相对来说，那些做拼图、堆积木甚至阅读书籍的孩子所消耗的能量都要比看电视的孩子消耗的多。爱看电视的孩子自然就更容易患上肥胖综合征。

因此，英国早就有专家向国会建议，禁止家长让3岁以下的幼儿看电视。著名的奇幻小说《查理和巧克力工厂》有句台词警告家长："千万、千万、千万别让孩子靠近你的电视，最好是别购买、安装，这最最愚蠢的东西。"

可是，现实情况却是：看电视的孩子日益呈现出低龄化趋势，他们每天守在电视机旁的时间越来越长。造成这种结果的"元凶"其实是孩子的父母。有的父母因为不堪忍受孩子的哭闹纠缠，经常让孩子看电视或者玩电子游戏。他们认为这样可以摆脱孩子的纠缠，还可以给自己省出不少时间去做其他的事。但是，孩子的童年一旦被各种电子产品包围，孩子的休闲娱乐不是看电视，就是玩电子游戏，这样只会让孩子对其产生依赖。如果长期看电视，就会影响孩子的身心健康。

小羽是一个不折不扣的小"电视迷"，每天起床第一件事就是开电视，晚上也是看着电视入睡的。别看她才5岁，可是她什么电视节目都喜欢看，就连妈妈喜欢看的肥皂剧，她也看得津津有味。

小羽喜欢看电视，对于每天忙于工作的妈妈来说，也是一件好事。她下班回来之后可以做家务，不用担心小羽会缠着她。可是，妈妈渐渐地发现，由于小羽长期坐在电视机前面，她的身体状况已经受到严重影响。

原来，小羽有个坏习惯，就是喜欢在看电视的时候吃零食，尤其是电视上广告里的零食，她非缠着妈妈买不可。妈妈为了不让女儿失望，虽然知道那些多数是垃圾食品，还是给女儿买来吃。

更让妈妈感到无奈的是，家里有这些不良习惯的人不止一个，小羽的爸爸也是一个"电视迷"，而且也爱吃那些不健康的零食。爸爸每天下班回家，就会一屁股坐在沙发上看足球比赛。当小羽的动画片和爸爸的足球比赛在同一时间段播出时，父女两个还会争夺电视的"收看权"，并为此吵闹不休。

妈妈一生气，给一家人制订了规矩：每天只能看一小时，电视节目大家一起商议决定，吃饭的时候不准看电视。

小羽一听哭了起来，她说："妈妈，我喜欢看电视。您不让我看电视，我能做什么呢？"

站在一旁的爸爸发话了："我有一个好主意，我们可以演节目，我们自己编故事，自己演……"

"太好了！"小羽高兴地跳了起来。

当天晚上，他们就开始执行这几项规矩。爸爸妈妈翻箱倒柜找"戏服"，他们还在阳台搭建了一个临时的舞台。一家人很努力地演出，等到晚上睡觉的时候，小羽已经筋疲力尽了。

自此以后，小羽一家每天演节目，并严格执行看电视的规矩。妈妈惊讶地发现，在不到一个月的时间内，小羽竟然瘦了不少，而且在编故事方面也有着独特的创造性。小羽的爸爸也变化不小，自从演节目之后，他的腰围居然小了一圈。虽然妈妈自己支配的时间少了很多，但是当她看到一家人开怀大笑、其乐融融时，一种幸福的感觉便会萦绕在她的心间。

和对待孩子的网瘾一样，对于孩子看电视，也不能绝对禁止。毕竟看电视也有一定的好处，像《智慧树》《大风车》等节目，给孩子带去了很多欢乐。还有一些节目，如《动物世界》《人与自然》等，内容丰富，能让孩子学到不少知识。父母可以让孩子看一些有益的电视节目，但是也要制订一定的规矩，以防孩子对电视过于痴迷。

除了上面案例中那位智慧妈妈给孩子定的三条规矩以外，父母

还可以尝试下面的方法:

第一,看电视的时候配合运动。适当的体育运动,有利于孩子的大脑和心脏发育,尤其对那些年龄较小的孩子而言,经常蹦一蹦跳一跳,可以强化他们的身体素质。因此,父母不妨让孩子在看电视的时候,学着电视中的人物"动起来",伸伸胳膊踢踢腿,扭扭脖子弯弯腰。

第二,安排丰富的家庭生活。比如,一家人做家务、走亲访友,和孩子一起打打羽毛球、踢踢足球,等等。平时,父母要多陪陪孩子,和他一起做游戏,因为孩子更喜欢父母的陪伴。

孩子的涂鸦很有趣，不要让它留痕迹

自从孩子学会握笔，他们就十分热衷于"即兴创作"，想起什么画什么，也不分场合地点。学龄前的孩子可能会拿着画笔，将家里雪白的墙壁和崭新的地板画得一团糟，甚至衣橱、沙发、家用电器、床单上都会留下他们的"大作"；而年龄稍大的孩子，其"画作"不但布满家庭的各个角落，而且幼儿园的小书桌、黑板、墙壁上也会留下痕迹。

对于孩子从小就表现出来的"绘画"天赋，大多数父母感觉很欣慰，他们认为"画画"是孩子的一种爱好，而且对孩子有诸多好处，不但能锻炼孩子的动手能力，而且能培养孩子的想象力和创造力。另外，孩子涂鸦，其实是他们内心情感的一种表达方式。父母通过孩子的"画作"，可以看出孩子的喜怒哀乐，了解孩子内心的真实想法。然而大家也一致认为，如果孩子不分场合、不分地点地乱涂乱画，那就是一种不讲卫生、没有规矩的表现了。如果孩子没有节制，不顾场合和地点随意乱画，就会给父母或者他人带来麻烦，有时候还会破坏公共环境，造成清洁上的"巨大灾难"，这些都会产生不良的影响。

　　因此，面对乱涂乱画的孩子，父母常会忍不住说出一连串的"不准"："不准趴在地上画，不准画身上，不准画墙上……"可是，家长这些下意识的话极有可能会扼杀孩子的创造潜力。

　　美国一项研究结果表明，人的创造力会随年龄的增长以惊人的速度退化，通常人们在5岁时具有90%的创造力，到7岁时就大幅度下降，只具有10%的创造力，而8岁以后就只剩下2%了。下面的案例也印证了这一说法。

　　3岁半的昕昕喜欢画画。画画时，她经常变换不同的形状、颜色，还常常用胖乎乎的小手指着自己的画作向妈妈介绍"这是月亮小船""那是彩虹糖"，给妈妈无数的意外和惊喜。为了支持昕昕画画，妈妈买来水彩笔、蜡笔、油画棒等画画工具，让昕昕尽情涂鸦。但是当看到昕昕拿着笔在电视机、茶几、衣服等上面画出歪歪扭扭的线条，或者沾着脏东西在墙纸上画出一条条"毛毛虫"时，妈妈总是忍不住呵斥她。

　　上幼儿园后，昕昕常常带回一些课堂上的绘画作品给妈妈看，有红红的大草莓、漂亮的靴子或者动物等形象，但那些作品都是老师事先打印好的图形，孩子们只需在相应部位涂上颜色，完全表现不出孩子的想象力和创造力。

　　于是，昕昕的妈妈就自己给孩子画小鱼、小鸟，并试着用这些画编故事，希望这种做法可以培养孩子的发散思维。没想到，渐渐地，昕昕竟然嫌妈妈画得不好、画得不像。妈妈就让她自己画，可是她却说自己不会画。昕昕的妈妈还发现，孩子不再像小时候那样天马行空地作画了，而是喜欢用具有固定形状的尺子来画一些具体的形状，比如大象、三角形、心形等图案。这让昕昕的妈妈感到担心：孩子是不是越来越没有想象力了？

对于孩子乱涂乱画的行为，父母应保持冷静，不要大声斥责孩子，而应想办法保护孩子宝贵的绘画天赋。

帅帅是一个可爱的孩子，他从小就喜欢涂涂画画，因此家里的墙壁、地板、家具上面，都留下了帅帅的涂鸦"作品"。

妈妈知道，这是孩子天真的情感表达，而且有的作品还画得有模有样，因此，每次帅帅尽情涂鸦之后，妈妈就跟在他后面收拾残局。可是，孩子总是这样乱涂乱画，把干净整洁的房间弄得乱七八糟，妈妈难免感到烦闷不已。

为此，妈妈想出了很多办法。刚开始，她给帅帅买了各种颜料和一些画纸，规定孩子只能在画纸上画画，可是这个方法不怎么管用。可能帅帅感觉画纸太小，限制了他的创作空间，所以他还是在墙壁和家具上绘制他的"大作"。后来，妈妈专门去为帅帅买了一块大黑板，并且在厨房的白瓷砖上给帅帅预留了一片自由创作的空间。

帅帅终于改掉了乱涂乱画的坏毛病。

一般来说，孩子在2岁左右就喜欢涂涂画画了，这说明孩子具有写字和绘画的天赋。但是由于无知，孩子会不加选择地到处乱画，破坏家庭的环境，有时还会破坏公物，让父母非常恼火，也容易引起大家的不满。因此，父母一旦发现孩子乱涂乱画的行为，就应立即制止，给孩子定规矩，约束他的不良行为。同时，父母也应

充分考虑孩子的这一爱好和天赋，让孩子自由发挥这方面的特长。

那么，对于孩子乱涂鸦的行为，父母应该给他们订立什么样的规矩呢？

首先，父母应明确规定孩子"画画"的地点。如果孩子乱涂乱画，父母应明确告诉孩子，哪些地方能画，哪些地方绝对不能画。父母可以在禁止孩子"画画"的地方贴上醒目的禁止"画画"的标记，还可以在孩子经常涂抹的地方贴上别的图画，以此阻止孩子在上面继续涂抹。

其次，父母应该给孩子提供绘画工具和绘画场所。对于那些喜欢画画的孩子，家里条件允许的话，父母可以给孩子准备一个绘画箱，在里面放上绘画所需的工具和纸张，并给孩子安排一个安静的地方，如书房、孩子自己的房间，让孩子充分享受自由绘画的乐趣。在孩子画画之前，父母一定要提醒孩子，颜料和画笔不要随手乱扔，不用的时候要放进绘画箱，也不要随意弄脏其他物品，保持房间干净整洁，从而让孩子养成从小爱干净、讲卫生的好习惯。

再次，让孩子明白乱涂乱画的后果。当发现孩子乱涂乱画的时候，父母应该让孩子知道这样做的后果。比如，父母可以带着孩子对比一下弄脏的墙和干净的墙，还可以和孩子一起将弄脏的地方擦拭干净。总之，父母应该让孩子清楚地知道，墙壁、门窗等一旦被弄脏，想要恢复原来的样子，是多么不容易。

最后，将孩子的"画作"装订成册。父母可以告诉孩子，如果孩子在画纸上画画，父母可以挑选一些优秀的作品装订成册，可以拿出来给朋友或者客人欣赏。这样做可以鼓励孩子在画纸上画画，而不是到处乱画，还可以激发孩子画画的兴趣。

定规矩小妙招：计时隔离法

在美国，父母及老师常常会采用"计时隔离法"来对那些一时不守规矩的孩子略施惩罚。所谓计时隔离法，就是针对孩子的不良行为所采取的一种暂时将其隔离，从而达到教育孩子目的的方法。例如，如果孩子在家捣乱，不听话，或者和别的小朋友打架，父母可以把他抱进自己的卧室，让他独自待上几分钟。一到时间，父母就应该准时把孩子抱出来，并借机对其进行说服教育，督促孩子改正错误。

父母可以用这种计时隔离的方法，来惩罚犯了错的孩子，如果运用得当，可以起到非常好的效果。需要注意的是，计时隔离法需要遵循一些基本的原则。

第一，父母在执行的过程中意见要统一，保证步调一致。

第二，家长事先就要告诉孩子，犯什么样的错误父母会采取计时隔离的方法来加以惩罚。这样孩子可以做到心里有数，从而坦然接受惩罚。

第三，进行计时隔离所用的时间要恰当，时间不能太短也不能太长。父母可以遵守这样的原则：孩子每长大一岁惩罚时间增加一分钟，但是累积不能超过10分钟。当孩子把乱扔的玩具捡起来，或向冒犯了的家人及时道歉，或者仅仅是表达了改错的决心时，就可以取消隔离。

第四，父母不能滥用计时隔离法。父母不能动不动就威胁孩子说要采用计时隔离法。比如，孩子只是偶尔表现得有些不礼貌，就不要采用此法了。轻易使用计时隔离法只会让孩子更加排斥、不配合。

第五，不要在对孩子进行隔离的同时斥责孩子或者对其吆来喝去。家长要记住：只有在对孩子解除了隔离之后，才能和孩子进行交流。

第六，计时隔离结束以后，父母不要试图用娇宠或者过分怜惜的态度来补偿孩子。其实父母只要用简单的、不过分情绪化的方式来执行就可以了。

最后，父母需注意的是，对孩子无论是进行隔离还是解除隔离，都需要正常的家庭生活作为支撑，包括温馨的家庭氛围、经常的交流沟通、孩子时刻能感受到爸妈的关注和支持。另外，要注意隔离的负面作用。如果孩子平时表现良好却被父母忽视，得不到来自父母的关注，那么他们就会通过恶劣的表现来寻求被隔离的机会，以此引起家人的关注。

第八章

学习社交技巧——做一名"社交小达人"

在新时代，社交是一种非常重要的技能。有心理学专家指出，许多成年人存在诸如不善交往、拘谨等社交障碍，这些都可以追溯到他的幼儿时期。如果孩童时期的拘谨、害羞等社交问题得不到解决，那么这些问题将会妨碍他今后事业的成功。因此，父母应该从小培养孩子的社交意识，教会孩子一些基本的社交礼仪，包括一些接人待物的规矩。

掌握社交礼仪，让孩子与人交往更自信

有的人以为，孩子不需要掌握社交礼仪，因为他们不需要社交。这种想法是完全错误的。孩子虽小，他们也需要有自己的社交圈子。孩子在与他人交往的时候，能够更加客观地认识自己，对自己的评价也会更加客观、全面，而且还能学会更多的生存技能和处世之道。而这些对于孩子的个性发展、情绪情感以及智力能力的提高都能起到非常重要的作用。

美国著名的人际关系学大师卡耐基有一句名言："一个成功的管理者，专业知识所起的作用是15%，而交际能力却占85%。"一位成功学专家也说过类似的话："所有成功的人之所以成功，是因为他的人际关系非常好。"现代社会，社交在人们的日常生活中有着举足轻重的地位，而社交礼仪则是社交中不可或缺的一部分。它不仅能体现一个人的基本素养，还能使自己的人际关系更和谐。

在孩子的世界里，社交礼仪同样重要。在生活中，人们常常可以听到这样的话："某某家的孩子真有教养""谁谁家的孩子真是太没有规矩了！"不管是夸奖还是表扬，其实说的都是孩子的社交礼仪。

在我们的周围，有许多孩子缺乏基本的社交能力，对社交礼仪更是一知半解。他们中很多人是独生子女，由于父母工作忙碌，邻里之间互不来往，他们绝大多数时间都是一个人在家看电视，或者一个人玩耍。生活在这样的环境中，他们很少与人交往，社交能力普遍较差。当这些孩子与非家庭成员交往的时候，他们往往缺乏基本的社交常识，在社会交往中就会出现各种各样的问题。

姗姗是一个活泼的小姑娘，她性格开朗、爱说爱笑。别看她只有5岁，但是她一点都不怕生人。

通常活泼的孩子惹人爱，可是过于活泼、不懂规矩的孩子只会惹人烦。姗姗就是这样的孩子，她活泼得让人无法招架。

有一天，一位年轻漂亮的阿姨来姗姗家做客。姗姗正在客厅里看她最喜欢的动画片。阿姨一进门就向姗姗打招呼："呦，这是姗姗吧？长得真可爱！"可能是动画片太吸引人了，姗姗坐着动也没动，更别说向阿姨打招呼了。这让阿姨非常尴尬。

吃饭的时候，姗姗像换了一个人似的，对阿姨格外"热情"。她一边大口大口地吃饭，一边唾沫纷飞地与那位阿姨说话，并多次打断阿姨与妈妈之间的谈话。她还总是问那位阿姨一些奇奇怪怪的问题，比如："阿姨，您今年多大了？怎么看起来这么年轻？""阿姨的眼睫毛怎么这么长啊？比我妈妈的眼睫毛长多了！""阿姨，您生过小孩吗？"等等诸如此类的问题。

一旁的阿姨早已被问得失去了耐心，可是自己是客人，也不好

说什么。"姗姗,好好吃饭,小孩子哪有那么多问题!"妈妈终于忍不住,训斥了她一句。

姗姗的性格过于活泼,让人不知所措,可是,性格过于内向,也不是一个好现象。姗姗的同学祥祥就是这样一个小朋友,他不喜欢和别的小朋友一起玩,也不喜欢和别人过多交流。

起初,祥祥的父母对孩子的这种情况没有太在意,他们认为,每个孩子都有自己独特的个性,祥祥也不例外,顺其自然就好。再说,孩子与其他小朋友接触少了,也就不容易染上不良的习气,这样反而更省心。可是,随着祥祥一天天长大,孩子身上的问题越来越多了。

幼儿园老师打来电话,向祥祥的父母反映孩子在校的情况。她说,祥祥在学校里,总是一个人坐在角落里,自己和自己玩,显得特别孤独。他并不是不喜欢和别的小朋友玩,而是害怕和别人玩。如果有小朋友来找他,他就显得很紧张,很焦灼。最令人担忧的是,他常常一个人自言自语,可是每当老师提问时,他又磕磕巴巴,一着急就一句话也说不上来。这时,祥祥的父母才意识到问题的严重性。

他们向专家咨询了孩子的情况,专家告诉他们,祥祥之所以这样,与他不和小朋友们交往有很大的关系。

每个孩子的成长都离不开社会,也少不了与人们交往。因为有了社会交往,孩子可以与他人交流思想、沟通感情,孩子的压力能够得到舒缓,他们的需求也能得到更多的理解和认同。因此,可以毫不夸张地说,良好的社交能力是孩子健康成长的基础，也是孩子各方面能力得以发展的前提。事实也证明，那些善于交往的孩子往往比那些内向、不爱交际的孩子更加健康，更加活泼、开朗。而那些不善交往的孩子往往不合群，常常被人们认为没有礼貌、自私自利，他们在公共场合的时候往往显得局促、茫然无措。因此，父母应该从小教给孩子各种社交礼仪，让孩子不惧社交，在任何社交场合都能礼貌得体，成为大人眼中有教养懂礼仪的好孩子。

相信所有父母都希望自己的孩子在社交场合能够举止文明，有良好的礼仪，这样既能显示孩子自身的魅力，更显得父母"教子有方"。但是，想要孩子成为这样的社交小达人，父母就需要平时多下工夫。父母要从生活中的点滴之处入手，从多方面给孩子设立规矩，约束孩子的无礼行为，让孩子变得更加文明、有魅力。

在生活中，父母可以从以下几个方面制定规矩：

第一，注重个人仪表。父母应该规定，孩子时刻都要注意个人形象，对于孩子选择什么样的衣服，佩戴什么样的饰品，用怎样的姿势走路，父母都应做出明确的规定。父母要让孩子的个人形象合乎大众的审美观念，整体上追求整洁美观。最重要的是，父母要起到表率作用，在日常生活中时时注重自己的仪容仪表，注意个人卫生，出席不同的场合穿戴得体。这些细节会在潜移默化中影响孩子，无意中达到教育孩子的目的。

第二，使用礼貌用语。父母还应该要求孩子，在生活中尽量使用文明用语，比如"您好""请""谢谢""不客气""再见"等，这些礼貌用语可以让孩子给别人留下良好的印象，孩子也会因此建立良好的人际关系。当然，父母在要求孩子做到的同时，自己也要以

身作则，不说脏话，不对孩子使用粗暴无礼的语言。

第三，餐桌礼仪要文明。有的孩子一看到餐桌上让人垂涎欲滴的饭菜，就把餐桌礼仪忘到了九霄云外。为此父母一定要监督孩子做到：就餐时应该先让长辈入座；如果大人还没有开始吃，孩子不要先动筷子；到别人家做客，不能挑食，不能乱吐东西，更不能在吃饭时大声喧哗，甚至唾沫四溅。

第四，让孩子学会主动问好。一个孩子如果能够学会主动与人打招呼，那么他就能赢得更多人的喜欢。父母可以首先让孩子养成外出时和家人告别，放学回家时和家人打招呼的习惯。久而久之，他在外面遇到熟人也会主动打招呼。

第五，要让孩子养成守时的习惯。在社会交往中，守时是一种最基本的礼仪。不管出于什么理由的迟到，都会显得对对方不够尊重。因此，父母要让孩子养成守时的好习惯。父母也要尽量做到守时，在这样的家庭氛围中，孩子就会逐渐养成守时的好习惯，同时给人留下一个讲信用、负责任的好印象。

学会说"不"，更能赢得尊重

生活中，我们常说某人是老好人，其实老好人很多时候做了好事，却得不到别人的夸奖，反而惹来一身麻烦，弄得自己心情郁闷至极。他们常常给别人窝囊、无能、好说话的形象，其实他们把自己弄到这种地步，全是因为不敢拒绝别人，怕得罪人。

有的孩子也是这样，或许由于性格原因，或者因为不懂拒绝的艺术，他们不知不觉成了孩子中的老好人。

慧慧是一个6岁的小姑娘，她的性格比较温顺。

有一天，慧慧骑着妈妈给她买的新单车在小区里兜风。天气格外晴朗，阳光暖暖地落在慧慧的身上，微风轻轻地拂过她的头发。这一刻，她的心情无比舒畅。可是不久，慧慧的这种好心情就被破坏了。

看到慧慧骑着新单车，在一旁玩耍的孩子们一个个跑来观看，其中有一个叫冉冉的小男孩对慧慧说："慧慧，你的单车真漂亮，

能不能让我骑一圈啊？"

慧慧想起妈妈平时说有什么好东西要学会和小朋友一起分享，于是就微笑着对冉冉说："好啊，你骑一圈吧！"冉冉高兴得大叫起来，他骑了一圈后就把单车还给了慧慧。慧慧刚要开始骑车，其他几个小朋友围了上来，他们争先恐后地对慧慧说："我也想骑，让我骑一圈吧！"

"……那好吧！"尽管慧慧心里有一千个一万个不愿意，但是她还是答应了。结果小朋友们这个骑完那个接着骑，骑完一圈接着骑第二圈……可怜的慧慧只能眼巴巴地看着小朋友们骑着自己的单车，在自己面前耀武扬威，却无能为力。自己原本很舒畅的心情也荡然无存，感到糟透了。慧慧想要收回自己的单车，可是性格温顺的她却怎么也说不出口。后来妈妈找慧慧回家吃饭，这才让单车"物归原主"。

回到家里，妈妈对慧慧说："慧慧，你能把自己心爱的单车和小朋友分享，这是值得表扬的行为。但是对于小朋友们的过分要求，你也要学会拒绝啊！"

社会像一张巨大的关系网，孩子在这张网络里需要与各种各样的人打交道。有的时候，父母一味地鼓励孩子与人分享、与人合作，却没有告诉孩子，当别人提出无理要求时，要学会拒绝。如果孩子在与人交往时，总是担心别人会受到伤害，因而不忍心拒绝别人，那么孩子最终会失去更多，而且自己也会因此而不开心。

还有一些父母，他们总是鼓励孩子去帮助别人，多为别人着想，不管别人提出什么要求，只要自己能办到的，都要尽量答应。

他们以为这样孩子会更受欢迎，更能获得好人缘。殊不知，不会拒绝别人的人常常会做出违背自己意愿的事情，弄得自己非常不开心，有时还会给自己带来一堆麻烦。

丽丽是一名一年级学生，她是一个比较温顺的小姑娘，脾气特别好，别人说什么她都说"是""对"，别人让她做什么事她都同意。她不好意思对别人说"不"的做法，让自己非常不开心。每次家里来了小客人，对丽丽的玩具非常喜爱，想要据为己有时，丽丽都不好意思拒绝，只能忍痛割爱。

在学校里，丽丽也是一个大好人，只要别人有什么困难，都会找她帮忙。有时候别的小朋友借了她的东西忘了归还，她也不好意思开口要回来。

丽丽不好意思拒绝别人的性格让她吃尽了苦头。丽丽的同桌学习很不用心，每次她不会做作业的时候，都会抄袭丽丽的作业。丽丽虽然知道这样不好，但是也不好意思拒绝，每次都允许同桌抄写。直到有一次，同桌在抄写丽丽的作业的时候，被老师发现了，老师狠狠地将她们两人批评了一顿。

由此可见，不懂拒绝别人的老好人真是做不得。因此，父母在教育孩子时，除了让他们学会分享、乐于助人之外，还要教孩子学会拒绝，对不合理的要求说"不"。毕竟孩子是一个独立的个体，他有自己的想法，当然不能事事迁就别人、顺从别人。父母要从小教孩子学会说"不"，培养孩子的领袖气质，因为没有一个领袖或管理者是唯唯诺诺、完全按照别人的指令来做事的。即使孩子长大

做不成领袖，他也不会是一个时时被人欺负、被人瞧不起、自己也活得十分憋屈的老好人。

首先，父母要教会孩子拒绝别人的说话技巧。在一些特殊的场合，直接拒绝别人可能会让别人觉得很尴尬。那么，父母就要教孩子委婉拒绝别人的方法，这样既拒绝了别人，又不伤害彼此之间的感情。当然，对于那些喜欢死缠烂打的人来说，这种方式明显不合适，只能直接、坚决地拒绝他。另外，父母还可以教给孩子一种特殊的拒绝方式，那就是用商量的口吻来间接地拒绝别人。其实就是和对方"磨嘴皮子"，直到对方接受为止。

其次，父母要告诉孩子，并不是所有的要求都要拒绝。父母要明确告诉孩子哪些要求可以接受，哪些要求一定要拒绝。孩子应该拒绝的要求是那些无意义的、不合情理的要求。比如，同学们有不会做的习题向孩子请教，孩子如果能够帮上忙，那就不要拒绝。但是，如果某个同学想要让孩子帮他写作业，孩子就要坚决拒绝了。

再次，父母对于孩子的正确做法应该提出表扬。比如，当孩子要写作业的时候，他拒绝了邀请他一起玩的小朋友，父母就应该对他的这种做法予以表扬，并给予一定的奖励。

最后，让孩子对别人的拒绝坦然接受。孩子可以拒绝别人的要求，同样别人也可以对孩子提出的要求说"不"，父母要让孩子明白这一点，并做到：即使别人拒绝了自己，也不要沮丧，要以一颗平常心坦然接受。因为，别人或许也有一些苦衷。要让孩子学会站在别人的立场上来考虑，学会体谅别人的难处。

学会倾听，不要随意打断别人谈话

小时候，每当家里来客人时，父母最常说的一句话就是"大人说话，小孩子不要插嘴！"许多父母都为孩子爱插嘴、多嘴多舌的习惯苦恼不已，他们搞不明白：为什么孩子那么爱插嘴？其实，父母不知道的是，爱插嘴并不全是坏处。有的心理学家甚至将多嘴多舌视为孩子的理想性格。

每当大人在谈论一些问题的时候，孩子总是忍不住插上一两句，这其实和孩子的心理有关。首先，孩子希望通过插嘴来引起别人的注意。当大人们在一起相谈甚欢、忘乎所以的时候，可能忘了孩子的存在，孩子只好通过插嘴来引起大人注意。其次，孩子插嘴也符合他们那个年龄的特征。当孩子听到大人们高谈阔论时，他们也跃跃欲试，想要露一手。此外，孩子们的求知欲比较旺盛，当他们听到一些闻所未闻的事情时，也会情不自禁地提出一些问题，希望得到大人的解答，这其实也是孩子获得知识的一种途径。

当然，孩子喜欢插嘴，也说明了他们有较强的自我意识，这是

孩子自信心和自尊心发展的基础。一般来说，爱插嘴的孩子通常思维敏捷、反应灵敏、见解独特。

在数学课上，老师组织了一次"感知9以内的数"的活动。活动开始后，老师问："今天，我们来找一找比数字'9'小的数字，一会儿大家告诉我你们找到了几个。"孩子们一个个抓耳挠腮，老师看时间差不多了，就问孩子们："你们找到了几个？它们是什么？""我找到9个。"老师的话还没说完，就被一个响亮的声音打断。不用猜，一定是"快嘴"涛涛。他成功地吸引了所有孩子的目光，他们一个个扭头瞪了他一眼。当别的小朋友说出"找到8个数字"的时候，涛涛急得站了起来，并大声喊道："老师，不对，还有'0'呢。""讨厌的小乌鸦！"孩子们几乎是异口同声地对涛涛的行为做出了评价。因为前一天他们刚听过"抢着说话的乌鸦"的故事。他们将涛涛比作爱抢着说话的乌鸦，认为他爱打断别人说话，不遵守纪律，没有礼貌。听到同学们众口一词的评价，涛涛噘着小嘴不作声了，一副沮丧、失落的样子。

上面这个案例中，孩子们只顾着指责涛涛的行为，而没有去思考涛涛所说的话，其实他考虑得更全面。因此，即使孩子会打断大人说话，父母也不应一味阻止，因为这很可能会扼杀一位拥有独到见解的人才。当然，如果父母放任孩子插嘴而不加约束，孩子就会养成爱插嘴的坏习惯，这是一种没有礼貌、没有规矩的表现。

航航是一个6岁的小男孩，他很聪明，也很会说话。可是航航有一个坏习惯，那就是他喜欢在别人说话的时候插嘴。只要是有人说话的场合，总能听到他的声音。不管是大人们在谈论一些事情，还是小朋友在说一些与他无关的事情，他都会热情主动地发表自己对所有问题的看法，不管别人是否询问。

有一次，航航的家里来了一位重要的客人，这位西装革履的中年男人是爸爸的上司。他们两个人在谈论工作上的事情，可是航航坐在旁边，总是忍不住插嘴："叔叔，您说得太好了。不过，您能和我说说，报表是什么东西吗？""我爸爸就是一个不讲信用的人，每次答应的事情都做不到……"每次只要航航一开口说话，爸爸就感觉非常难堪，他没想到这个小家伙竟然这么没有规矩，自己在上司面前的形象都被他毁了。

在学校里，航航喜欢插嘴的毛病让许多同学和老师直呼"受不了"。不管是在课堂上，还是休息时间，航航都喜欢夸夸其谈、自吹自擂，就算其他小朋友表示反感和抗议，他也毫不在意。老师对他也没办法，只能教育他要遵守课堂纪律，不要随意打断别人讲话，也不要只顾发表自己的意见。如果有意见，可以留到下课后再找老师探讨。

对于老师的规定，航航一开始会严格遵守，但是过不了多久，他又会犯同样的错误。似乎不让他插嘴，就像不让他呼吸一样困难。

有时候，孩子的一句天真烂漫的插话，就会使大人陷入尴尬的境地。孩子也会因此受到父母的当场斥责，或者事后打骂。孩子常常会觉得自己很无辜，自己明明说出了内心真实的想法，为什么父

母不鼓励自己，反而非常生气呢？这其实是因为父母还没有让孩子意识到：即使要发表自己的见解，也应该讲究规矩，不能随意打断大人之间的谈话，不要在他们谈话的间隙插话。

除了让孩子意识到这些，父母还要设立相应的规矩，对孩子乱插话的行为加以正确的引导，这对孩子的成长来说尤其重要。那么，父母应该怎样做呢？

第一，父母应给孩子做好示范。孩子的模仿力比较强，父母可以好好利用这一点，给孩子做好表率。如果父母在平时生活中存在喜欢打断别人说话的坏习惯，一定要改正。尤其要注意，和孩子说话的时候不要轻易打断他的话。如果有时候不小心打断了孩子或者其他人说话，就要及时道歉："对不起，我不该打断你说话，请你继续说下去。"这样，孩子不但能学会父母的规矩、礼貌，还能学会承认错误。

第二，父母可以通过打电话让孩子改掉插嘴的坏习惯。很多父母都有这样的经历：每当自己打电话的时候，孩子总是在一旁插嘴，甚至会和父母争着通话。其实，孩子之所以这样做，是因为他把电话当作一种威胁——电话使父母的注意力从孩子身上转移开，从而使孩子感觉受到了冷落。想要解决这个问题很简单，父母可以询问孩子："当我打电话的时候，你是想在我旁边玩玩具，还是去餐桌旁喝一杯果汁？"给孩子选择的权利，孩子可以感觉自己有某种控制力，同时也说明父母并没有完全忘记他们。只是父母需要注意的是，给孩子的选择一定要简单、具体，而不是含糊地问孩子："当我打电话的时候，你想做什么？"这个问题会使自己和孩子陷入无休止的争论当中。

　　第三，父母想要孩子改掉插嘴的坏习惯，还有一个方法，就是做游戏。孩子在和小朋友玩耍的时候，其实已经学会轮流玩了。比如，在玩滑梯的时候，只有等前一个小朋友滑下去了之后，后一个小朋友才能往下滑。父母可以用玩滑梯的游戏来打比方，告诉孩子，说话也分先后顺序，要等别人把话说完，自己才能接着说。另外，父母还可以和孩子玩"一问一答"的游戏。父母可以坐在孩子身边，看着孩子的眼睛，问他一个能够自由回答的问题，比如："今天你在幼儿园里都学到些什么？"当孩子回答的时候，父母一定要认真倾听。等孩子说完了，父母可以对孩子说："现在该你问问题了。"如果孩子在父母回答问题的时候插嘴，父母就要做出"嘘"的手势，等父母把话说完了，再对孩子说："现在该你说了。"经过长期练习，孩子就能够掌握这种"一问一答"的说话方式，在和别人说话的时候，就会变得有礼貌、有规矩，也不会随意插嘴了。

与异性交往，小小规矩要记牢

　　随着一天天长大，孩子不再是那个吃饱喝足就甜蜜入睡的小婴儿了，他们开始有更多心理方面的需求。根据儿童身心发展的规律，一般孩子在3岁时就有了与人交往的欲望，他们开始对同龄的小朋友感兴趣并喜欢和他们一起玩耍。这时，对于孩子来说，男女伙伴没有什么不同，他们之间的交往非常简单、纯洁，只要能一起玩、一起学习，就是好朋友。当孩子再大一点，他们的性别意识开始增强。他们在关注自身的同时，开始对异性小朋友感兴趣，希望了解他们，和他们交朋友。这其实是孩子正常的心理需求，也是孩子成长过程中一种自然表现。

　　然而，生活中总有一些父母对此大惊小怪，他们常常对孩子和异性的交往持有偏见，认为只要男女同学在一起就一定是"早恋"，因而对此十分敏感。还有一些父母不允许孩子与异性同学结伴回家，甚至限制孩子的社交自由。这些做法会严重干扰孩子与异性的正常交往，还会对孩子幼小的心灵造成伤害。为此，儿童情感教育专家建议：父母不要把孩子与异性伙伴的正常交往误认为是"早恋"，其实异性小伙伴在一起学习、聊天、结伴游玩等行为都是正常交往的需要，父母不要横加阻拦，父母应该充分相信自己的孩子。有的时候，父母甚至应该鼓励孩子的正常交往，因为男女同学接触是正常的，不敢接触才是不正常的。

当然，对于孩子早恋的苗头，父母也不能掉以轻心。毕竟孩子还小，此时还没有树立正确的爱情观，而且容易耽误学业，因此，父母要采取一些措施进行干预。

下面我们来看看这位德国妈妈是怎么处理孩子的早恋问题的。

有一个十分可爱的中国小姑娘，由于父母工作调动的原因，她不得不转学到德国的一所学校读书。小姑娘长得很漂亮，而且还是那所学校唯一一个黄皮肤、黑头发的学生，因此，她受到了全校师生的普遍关注，也得到很多热情的帮助。但是让人不可思议的是，这个小女孩来到学校刚刚一个多星期，就有一个10岁的德国小男孩宣称自己爱上了她。

在德国，这种事情再正常不过了。德国人普遍认为，如果年幼的小姑娘被人喜欢，说明这个小女孩有魅力，这个小女孩也会非常有优越感。但这个中国小姑娘却没有因此而得意，相反，她感到非常生气。她一再拒绝小男孩的靠近，可是那个小男孩却越挫越勇，总是找机会接近她。

有一次，小女孩生病了，好几天都没去上学。为此，那个德国小男孩居然在学校里大哭大闹，老师怎么劝他都不听，只是大声说，如果小女孩不来学校上课，他也无法继续上课了，他要马

上回家。

回到家里，那个小男孩非常认真地对爸爸妈妈说："我要和她结婚。"小男孩的父母并没有像中国父母那样教育或者指责孩子，在他们的脸上甚至看不到一丝惊讶的表情。那位德国父亲平静地对孩子说："好的，你的想法很好。但是结婚需要准备很多东西，比如要买房子、车子、婚纱、戒指等，这些要花很多钱。你要想和心爱的姑娘结婚，就要给她幸福，那你必须好好学习，提高各方面的能力，挣足够多的钱，这样才能和那个姑娘结婚。可是你现在连学都不想上了，难道你希望那个小姑娘嫁给一个没有文化的人吗？"

小男孩非常认真地听着，他觉得爸爸说的话很有道理。于是他向父亲保证，自己一定会好好学习的。从那以后，小男孩学习非常用功，成绩也有了很大进步。最让他开心的是，自己居然和那个中国小女孩成了学习上的好朋友。

还有一位中国妈妈的做法也值得各位父母借鉴。下面是这位中国妈妈的自述。

一个月前，我无意中发现自己的儿子居然"谈恋爱"了，感觉非常震惊。我表面上假装不知道，更没有去指责孩子，因为我不想把事情搞得更糟。同时，我认为儿子出现"早恋"问题，与我的疏于管教有很大的关系。我感觉对儿子亏欠很多，因为平时工作繁忙，我对孩子的关心实在太少了。

于是，我就想尽办法，希望能够帮儿子从"早恋"中走出来，回归正常的学习和生活。我知道孩子喜欢阅读和写作，就给他报了写作班。经过一个月的学习，孩子的写作水平有了很大的提高。不久之后，儿子的一篇作文还出现在了学校的宣传墙上。从那以后，孩子不再专注于一对一的交往，开始喜欢过集体生活，他常常为班级做好事，有一次还被同学们推选为生活委员。几天前，他参加期中考试，成绩有了很大的进步，被学校评为"学习楷模"。现在，儿子主要专注于学习和集体活动，当初对异性爱慕的那份狂热也慢慢平息、渐渐淡化了。我为儿子的出色表现感到十分欣慰，也相信在以后的日子里，孩子会更加优秀，更加出色。

在孩子的日常交往中，对异性充满好奇、渴望与异性交往是一种正常的现象，父母根本不用大惊小怪。孩子迟早会长大，会拥有自己的爱情，会组建自己的家庭，父母为什么不提前给予孩子正确的指引，让他们少走弯路呢？其实，只要给孩子定好规矩，孩子完全可以很好地和异性相处，这对于孩子的身心健康很有益。

对于男孩，父母可以这样给他制订规矩：

第一，要有绅士风度。一般情况下，女孩比男孩更柔弱，因此，父母应鼓励男孩子谦让、保护女孩子。比如，在进门、出门的时候，男生要主动给女生开门，并且时刻奉行"女孩优先"的行事准则；如果女同学提着重物，应主动询问是否需要帮忙；男女同学在路边走，男生最好走在靠车行道的一侧；等等。父母可以让孩子从"照顾"妈妈做起，来养成他的绅士风度。

第二，表情不要过于严肃。如果男孩整天板着脸，会让人感觉难以接近，甚至让人望而生畏。因此，在与异性交往的时候，男孩

子最好不要过于严肃，可以不失时机地幽默一把，展现自己的独特魅力，这样才会更受女生欢迎。不过要记住，幽默不是油腔滑调，否则只会让人反感。

第三，不要过分拘谨。父母应该用平和的语气告诉孩子，在和女同学交往的时候，该说就说，该笑就笑，该握手时就握手，这些是正常的交往礼仪。如果一个男孩子总是忸忸怩怩，反而让人心生厌恶。当然，男生也不能过于随便，否则会把女生吓跑的。

对于女孩，父母应这样给孩子定规矩：

第一，不要不理不睬。在社会交往中，男生往往更主动，女生比较被动。在这种情形下，如果女孩子总是冷若冰霜，对男孩不理不睬，那么用不了多长时间，就没有男孩子愿意和她做朋友了。

第二，不要过分热情。如果一个女孩子在与异性交往中表现得过于热情、积极主动，那么对方就会认为她是一个轻佻之人，这样不仅容易造成误会，还会影响孩子之间正常的交往。

第三，应保持适当的警觉。女孩可以和男孩交往，但是一定要把握好尺度，还应时刻保持警觉。如果男孩提出过分的要求，或者对自己做出不正常的举动，女孩就要采取防御措施，将男孩的行为告诉父母，或者告诉老师。

出口成"脏"，打骂不是办法

在成人的世界里，骂人是一种非常普遍的现象。无论你去哪个国家，都能听到当地的脏话。尽管大家都明白，说脏话是没礼貌、没规矩的表现，但是人们还是忍不住会通过说脏话来发泄自己的愤怒、不满、郁闷等不良情绪。

然而，成人也要适当节制自己的言行，因为他们的言行对孩子有着潜移默化的影响。有时候，父母会忽然发现，孩子在不知不觉中学会了说脏话。当孩子用稚嫩的声音，说出一些不雅之词时，父母怎么也不敢相信自己的耳朵，他们没想到，自己那么乖巧懂事的孩子竟然开始说脏话了！不管是在家里，还是在人多的地方，也不管面对什么人，他们总是口无遮拦，脏话脱口而出，时常让父母感到颜面扫地、欲哭无泪。

星星是一个调皮捣蛋的孩子，他简直就是一个"麻烦制造机"，不管是在家，还是在幼儿园，他总是能给父母制造一些麻

烦。每天，他的父母都要帮他解决麻烦，有时候是幼儿园老师打来电话"控诉"孩子在幼儿园的不良行为，有时是邻居找上门来。这不，父母下班刚到家，就有一位邻居登门拜访。

邻居张阿姨进门时一脸怒气，劈头盖脸地就开始指责："星星妈，你家孩子怎么开始说脏话了？这也太没规矩了吧！"

"张阿姨，您先别生气，您先告诉我到底是怎么回事。"星星的妈妈满脸赔笑，赶紧招呼邻居坐下。

"刚才我家萌萌和你家星星在一起玩，他不小心将球扔到星星身上了。我们还来不及道歉，他脱口就骂萌萌是'白痴'。我听不下去了，就好声好气地让星星不要骂人，可是星星不听，反而骂我是'老巫婆'，你说气人不？这孩子这么小就说脏话，长大可怎么得了？"

说完，不等星星的妈妈说一句话，就气冲冲地摔门走了。

这时，星星正好从外面回来，妈妈生气地质问他："星星，你为什么骂萌萌和张阿姨啊？"星星满不在乎地说道："骂他们怎么了？谁惹我，我就骂谁！"此话一出，彻底激怒了一旁的爸爸，他二话不说，走上前去给了儿子一个大巴掌："我叫你骂！以后再骂，看我不打死你！"

妈妈心疼极了，赶紧上去拦住，并冲爸爸吼道："孩子还小，他知道什么啊！再说，就算孩子骂人，你也不至于动手打人啊！"

爸爸生气地说："你就宠他吧，孩子都被你惯坏了。现在他就学会了说脏话，以后指不定会做出什么事来呢！"接着，星星的爸爸妈妈你一言我一语，吵得不可开交。

每次都是这样，原本是想解决孩子的问题，最后却变成了夫妻之间的"大战"。

　　孩子为什么会说脏话呢？其实，孩子对于说脏话的性质并不了解，对于说脏话的后果更是不会考虑，他们只感觉说脏话很好玩。当他们出口成"脏"时，周围人的反应让他们觉得很过瘾。看到小伙伴们惊愕的表情，老师严肃的脸，爷爷奶奶惊得跌落了眼镜，爸爸妈妈无比愤怒的样子，他们错误地认为，说脏话是自己的权利，而且可以成功吸引人们注视的目光。同时，当孩子们说出一些不被允许说出口的脏话时，会有一种独立的感觉。

　　孩子如果养成了爱说脏话的坏习惯，不但会使父母、老师感到无法忍受，而且会引起周围人的反感，甚至连小朋友都会避而远之。因此，父母一旦发现孩子说脏话，就应该及时给孩子设立规矩，改掉孩子说脏话的坏习惯。

　　楠楠3岁了，可是他越来越热衷于"聚众滋事"。看吧，他正和几个小朋友待在自己的房间里，嘴里脏话连篇，什么"臭大粪""狗屎""放屁"等脏话脱口而出，说完几个人哈哈大笑，玩得不亦乐乎。

　　楠楠很清楚妈妈对脏话的"零容忍"态度，所以早就想好了狡辩之词。当楠楠的妈妈阴沉着脸走进去的时候，楠楠立刻笑嘻嘻地说道："爸爸说过，在运动场上也可以说脏话，看足球也可以说粗话，我们现在就在玩足球场上的过家家呢！"

　　看着他满脸得意的样子，妈妈弯下腰和这几个小家伙面对面，并和颜悦色地问："哦，原来你们在玩踢足球游戏啊！来让我看看

足球在哪里。哦，没有足球啊。裁判呢？怎么没看见？没有了足球和裁判，你们怎么玩踢足球游戏呢？"孩子毕竟还小，他们的狡辩之词被妈妈戳穿后一个个红着脸嘻嘻地笑着逃跑了。

楠楠的妈妈说之所以能保持这样冷静从容的态度，源于上个月发生的一件事。上个月，不知什么原因，楠楠竟当着大家的面叫他奶奶"笨蛋老太婆"，他奶奶特别生气，以为是楠楠的妈妈经常私底下这样称呼她老人家，所以孩子也学会了这样称呼她。这害得妈妈费了好大的劲去向自己的婆婆解释事情并不是她想象的那样，结果足足一个月，楠楠的奶奶才原谅他们一家人，重新来他们家做客。当时，楠楠的妈妈被这个孩子气得够呛。她大声指责楠楠，甚至威胁要动手打他，但是楠楠不但不改正，反而更热衷于这种"语出惊人"的游戏。

所以后来，当楠楠再说脏话的时候，妈妈总是冷静对待，妥善解决。

有的父母认为，孩子小不懂事，等他长大以后明白事理了自然就不会说脏话了。殊不知，说脏话是一种极其不文明的行为，许多人际冲突就是由说脏话引起的。一旦一方说粗话，另一方就会忍无可忍，使小小的摩擦升级为打架斗殴，甚至伤亡事件。不要以为孩子小，偶尔说一两句粗话，也没什么要紧。一旦孩子养成习惯，想要纠正过来就不容易了。与此相反的是，有的父母对于孩子说脏话的现象过于严厉斥责，甚至体罚孩子。可是父母的这些行为，不但不能杜绝孩子说脏话，反而容易使孩子误入歧途。

想要杜绝孩子说脏话的行为，父母首先就要给孩子立好规矩。

首先，父母要让孩子明白，有些话绝对不能说。父母要明确告诉孩子，说脏话是一种粗俗、没有礼貌的表现，那些脏话会在无意中伤害别人的感情，使别人陷入尴尬的境地，而且一些带有性别歧视的话，会让别人无法容忍，从而可能因此引发一系列矛盾和冲突。

其次，当孩子说脏话屡教不改时，要给予他小小的惩罚。如果父母用尽了所有能想到的办法，不管是积极的教育，还是低调的引导，孩子仍然出口成"脏"，那么父母不妨略施惩罚，让孩子尝尝说脏话的后果。在惩罚之前，父母应先对孩子的行为提出警告，让孩子清楚地知道，父母期望孩子怎么做，以及说脏话会受到什么样的惩罚。如果孩子对父母的警告无动于衷，那么父母就要采取惩罚措施了。在美国的一些家庭，父母如果发现孩子说脏话，就会罚款，孩子每说一个脏字，罚款25美分。这样的惩罚措施简单有效，并且能立竿见影。此外，父母还可以通过取消孩子看电视、玩游戏等惩罚方式，来帮助孩子改掉说脏话的习惯。

最后，如果孩子说话得体，父母就要不吝赞美之词，多多表扬孩子。孩子如果在十分沮丧或者非常愤怒的时候，仍然能够很好地控制自己的情绪，只是用一些不太过分的话来表达一下这种坏情绪，那么家长就应该为孩子的进步感到高兴，给予孩子小小的奖励。这种奖励最好是父母的一句表扬的话，如"你很有礼貌"，这就足以让孩子自豪很久了。

定规矩小妙招：制作生活备忘录

在犹太家庭里，孩子到了一定的年龄，许多父母都会要求孩子制作生活备忘录，把生活中的一些小事记下来。这些小事看似无关紧要，但是如果忘记，会给自己的生活带来不小的麻烦。犹太父母认为，这个看似不起眼的小习惯，可以使孩子将自己的生活安排得井井有条，不至于在一些生活琐事上手忙脚乱，并且能让孩子在处理这些小事的时候时常处于主动地位。

人们常说："好记性不如烂笔头。"在人的一生中，很多事情看似重要，经常默念，但是到关键时刻还是会因为一件被忘记的小事而搞砸。有的时候，一个姓名，一通电话，一个地址，一个纪念日等细节，常常会误了大事。犹太父母认为，引导孩子制作生活备忘录，可以在使用时查看，这是一种更为高效的生活方式，也能避免生活中留下遗憾。

除此之外，制作生活备忘录，对孩子还有以下几个好处：

第一，生活备忘录可以引导孩子思考。犹太人认为生活中的每一件事都可以引发人们思考，如果孩子能对这些事情进行简单记录，记录的过程和随后查看的过程，都会给孩子提供思考的机会。比如，有一些事情，不但与自己密切相关，还可能与他人有一定的关系。孩子在记录这些经历的时候，同时也记下了当时社会上发生的一些事情，这些都可能会触动孩子的思维，让孩子养成喜欢思考的好习惯。

第二，生活备忘录可以监督孩子的言行。假如父母给孩子制订了很多小规矩，那么孩子可以逐条对照，看看自己是否守规矩了。这样，孩子可以对其所作所为进行反思，同时改进自己的做事方式。另外，生活备忘录可以帮助孩子检验自己的生活是不是千篇一律、单调乏味，如果是这样，父母就要督促孩子设法为自己的生活增加一些新内容。

第三，生活备忘录可以给予孩子更大的成就感。当孩子检视自己的备忘录时，发现自己每天完成的一件件哪怕是一丁点有意义的事时，都会油然生出一种成就感，同时享受到一种只有自己才能体会到的幸福感。这种成就感和幸福感会督促孩子继续努力，并且使他对生活充满热爱，生活得更有意义。

因此，如果孩子经常丢三落四，经常忘掉一些非常重要的事情，总是让父母操心，父母不妨学学犹太父母的做法，教孩子制作生活备忘录。

制作生活备忘录其实非常简单，就是让孩子把自己计划要完成的事情记录下来，比如"下个星期一是妈妈的生日，需要提前给妈妈准备生日礼物""今天全家大扫除，不要忘了""下周学校举行春游活动，要提前做好准备"，等等。生活备忘录的形式可以是多种

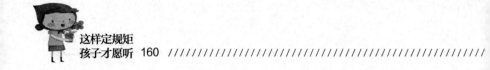

多样的，如果孩子还小，不会写字，可以让他用图画的形式来记录生活，年龄较大的孩子可以试着用文字记录；年龄再大一些可以在父母的指导下在电脑上制作备忘录，还可以在备忘录中间穿插自己的摄影作品。制作备忘录时需要用到各种知识，因此，制作备忘录的过程其实也是孩子学到更多本领的过程。

—— 第九章 ——

有修养懂礼貌——在外不做"熊孩子"

许多孩子在家是乖孩子，只要一出门，就会释放自己的天性，变得淘气、爱捣乱，惹人讨厌。家长要在出门之前就给孩子定好规矩，比如不要随意跑离大人身边、不要乱扔垃圾、要遵守交通规则等，这样孩子在外面就会懂得约束自己的行为，成为一个懂礼貌、有修养的好孩子。

公共场合捣乱，文明礼仪来约束

在公共场合，一些孩子常常表现得没有规矩、没有教养，结果引起公愤。有的孩子原本是一个听话懂事的孩子，但是一到公共场合，他的"小捣蛋"的本性就会暴露无遗。他一会拍拍这个人的肩膀，一会摸摸那个人的头，一会去摘花，一会去爬树……不管父母怎么劝说，他都停不下来。最后，孩子的种种行为惹得人人侧目，众人指责，甚至连可怜的父母也被人数落。几乎没有一位父母，愿意在超市、百货商场、公园等公共场合，为孩子的种种捣乱行为"埋单"。尤其是在碰到熟人的情况下，孩子的恶劣行为仿佛是在向众人"宣布"：父母"教子无方"。每到这个时候，父母顿感颜面无存、羞愧难当，恨不得找个地缝钻进去。

吉吉马上5岁了，他是一个活泼可爱的小家伙，爸爸妈妈特别宠爱他。平时在家里，吉吉总是安静地坐在电视机前看动画片，自己一个人玩玩具，或者画画。可是一到公共场合，小家伙就没办法安静下来了。

有一次，爸爸妈妈带着吉吉去市中心的广场上玩。那时候正是春天，阳光明媚，鸟语花香，吉吉一到广场，看到很多人，他就非常兴奋，又是蹦又是跳的。爸爸妈妈看到儿子这么开心，他们也感到很欣慰。然而，没过多长时间，吉吉就开始捣乱了。

可能是已经熟悉了广场上的环境，吉吉不停地在人群中穿梭，爸爸妈妈怕他走丢，就跟在后面追。只见他一边跑，一边在拍行人的屁股。行人冷不防被别人拍屁股，又羞又怒，有的胆小的阿姨还被吓得大声尖叫。于是，爸爸妈妈只能一边追赶一边不停地向"受害者"道歉。好不容易追上吉吉了，爸爸终于逮着机会开始教训他："你这孩子也太调皮捣蛋了吧！现在你就去前面的椅子上老实待着，哪儿也不许去！"大概5分钟后，爸爸就为刚才的决定感到后悔了。因为吉吉坐在椅子上也没有停止捣乱，刚开始他只是安静地坐在椅子上，抬头仰望着天空，可能是天上的白云让他兴奋起来了吧，他居然高兴地去蹬椅子的扶手，这一蹬不要紧，那张设在广场周围供市民休息的长椅就这样"光荣负伤"了。

终于有人看不下去了，开始指责吉吉的爸爸妈妈没有看好孩子，孩子这样破坏公共设施，简直太没教养了。爸爸妈妈感觉十分尴尬，他们一边数落孩子，一边保证会把那张椅子的扶手修好。这时吉吉也意识到自己做了错事，但是他没有向大家承认错误，反而认为大家多管闲事，于是开始朝众人吐口水。

爸爸妈妈虽然宠爱吉吉，但是看到他在公共场所捣乱，惹得众人不满，他们还是感到非常气愤。可是爸爸妈妈又不知道怎么办才好，吉吉才5岁多，难道真要把他抱起来揍一顿吗？

为什么孩子在家里又听话又懂事，在外面却不服管教，到处惹祸呢？原因很简单，这是因为孩子抓住了父母的心理弱点。父母一到公共场合，就会有很多顾忌，不便管教孩子。因此，孩子才敢在公共场合大肆捣乱，不把父母放在眼里。

那么，对于孩子在公共场合捣乱，父母只能听之任之吗？不能，否则孩子会给父母制造出更多的麻烦。为了杜绝孩子在公共场合捣乱，父母应在平时就给孩子讲解公共场合文明礼仪。一般来说，下面的一些礼仪，父母平时就应该教给孩子并要求孩子做到。

第一，走路的礼仪。走路的时候，特别是经过路口，应该"眼观六路，耳听八方"，应让车辆先行。不要在马路中间逗留，这样不但会给其他行人和车辆造成不便，还十分危险。在人多的地方，不能横冲直撞。如果撞了别人、踩了别人的脚等，应该真诚地对别人说一声："对不起！"当然，如果别人不小心撞了你或者踩了你的脚，你也应该大度一点，原谅他。

第二，交谈的礼仪。如果在路上遇到熟人，应主动打招呼。如果需要简短交谈，最好站在路边，不要挡着别人的路。如果两个人相距较远，需要打招呼的时候，最好挥手致意，或者紧走几步到他附近再喊他，不要隔着人群就大喊大叫。

第三，洗手间的礼仪。现在很多洗手间都用英文做标志，如"Toilet""Restroom"或"Washroom"，有些还在沿用"W.C"的标志，父母应让孩子从小学会辨认这些标志。在使用洗手间的时候，有一些礼仪需要孩子做到。例如，每次用完后，要记得放水冲洗干净。

有的洗手间还配备了烘手机、纸巾等，洗手后一定要记得把手烘干、擦干再走。有的人一边走路一边甩掉手上的水珠，结果弄得到处都是水，有时还会甩到其他人身上。这就是不文明如厕的一种表现。

除了这些礼仪，家长还要给孩子订立一些规矩。比如，不可席地而坐或者躺在地上。有的成年人在公共场所经常"不拘小节"，丑态百出。我们常常能在街头、公园看到这样一些不文明的行为。他们或者睡在地上，或者躺在三轮车上，或者躺在其他一些不该躺卧的地方。家长要告诉孩子，不要觉得好玩就去跟着学。

家长还要告诉孩子，在公共场合，不要制造噪音，这样会干扰到别人。有的人在公交车上大声通话，有时候还夹杂着一些不堪入耳的"脏话"。在医院的候诊室里、参观展览的大厅里以及其他公共场所，我们总是能听到有人旁若无人地大声喧哗、吵闹。这些噪音常常搅得大家不胜其烦，如果孩子长期生活在这样的环境下，又没有人加以引导，他们就不会懂得公共场所保持安静是一种文明的体现。

此外，家长还要教孩子保持公共卫生，养成将果皮、纸屑等垃圾扔进垃圾桶的习惯。在乘车时，可以将垃圾用袋子装好，下车后扔进垃圾桶，不要直接扔到窗外。

红绿灯眨眼睛，安全规则要执行

说起交通规则，大家脑海里就会出现一个有中国特色的网络热词——"中国式过马路"，这个词是近几年来被人们提及频率最高的热词之一。所谓"中国式过马路"，是网友对于部分中国人集体闯红灯现象的一种调侃，即凑够一拨人就可以过马路，根本不管交通信号灯是红灯还是绿灯。

"红灯亮了，能不能过马路？"这道幼儿园小朋友张口就能回答的问题，在大人面前却有着不一样的答案。大多数父母认为，闯红灯是不对的，要遵守交通规则。可是，也有一些父母认为，当红灯亮的时候，正好没有车辆经过，就可以闯红灯。有的父母说，有的交通信号灯转变的时间太长，只能闯红灯了……

于是，我们经常看到这样的"景观"：随着闯红灯的人流，父母拖着孩子飞速通过十字路口，即使有时候孩子不想闯红灯、又哭又闹，家长也无动于衷。无疑，这样的行为对于孩子是最失败的教育。

从孩子上幼儿园起，老师就给孩子明确这样的安全规则——"红灯停绿灯行"，如果父母能够以实际行动配合老师的教育，孩子长大后必然会遵守规则、敬畏规则。如果老师教孩子要遵守交通规则，而父母却经常闯红灯，孩子就会感到迷茫：到底应不应该遵守交通规则呢？

为了孩子，父母要以身作则，刹住自己的脚步，不要带着孩子闯红灯了。同时，父母还要给孩子设立规矩，引导孩子珍爱生命，遵守交通规则。

彬彬刚满4岁，不过他的爸爸妈妈早在一年前就开始有意识地教他交通规则了。每次爸爸妈妈带他过马路的时候都会对他说："彬彬，你看前面有一个交通信号灯，当它变成红色，我们就要停下来，等它变成绿色，我们才能走过去。"

"嗯，我知道，妈妈教过我：红灯停，绿灯行，遇到黄灯等一等……"彬彬又开始念叨妈妈教给他的规则。

有一次，爸爸去幼儿园接彬彬回家。他们从幼儿园门口出来，还没走多远，就看见前面亮起了红灯。彬彬马上停下脚步，爸爸诧异地问："彬彬，你为什么不走了呢？"

彬彬用手指了指前面，对爸爸说："爸爸，您没看见吗？前面是红灯！"

"哦，不过没关系，还有这么长一段路呢！"爸爸拉着彬彬的手，微笑着说，"我们可以走过去再等。"

彬彬就是不同意，看见爸爸打算往前走，小家伙还急得差点哭出来。不过前面的红灯很快变成了绿色，彬彬和爸爸走了一段路，等红灯再次出现的时候，彬彬和刚才一样，又不走了。就这样，每次距离红灯还有一段路，彬彬就不走了，非要停下来等红灯变绿再走。结果，短短的几百米路，父子俩走了很长时间。

又到了一个路口，爸爸认真地对彬彬说："到了这里，我们再看交通信号灯。如果是红色的，我们就停下来。现在是绿色的，我们就可以安全通过了。趁现在是绿灯，我们赶快走过去……"

可是，彬彬却纹丝不动地站在原地，他十分困惑地问爸爸："爸爸，您看，现在是红灯啊！"

爸爸诧异地抬起头一看，原来彬彬说的是左边的红灯。彬彬指着红灯，一本正经地对爸爸说："您看，爸爸，现在也是红灯，我们不能走过去！"爸爸差点晕过去，照彬彬的说法，那永远都是红灯了。无奈之下，爸爸只好抱起彬彬，在短暂的绿灯中跑过了马路……

不过，爸爸还是很欣慰，尽管彬彬还分不清红灯绿灯，但是小家伙遵守交通规则的思想意识，还是值得表扬的。

幼儿时期，孩子处于秩序敏感期，父母可以抓住这一良好时机为孩子树立规则意识。而红绿灯是关系到每个人生命安全的规则，因此，父母有义务在孩子的秩序敏感期，引导孩子遵守交通规则，时常对孩子进行交通安全教育。

首先，父母要让孩子明白交通信号灯的作用。父母在带孩子过马路的时候，要告诉孩子红灯、黄灯、绿灯的意义，并告诉他们闯红灯会带来什么样的危险和伤害。父母可以规定孩子，在过马路的时候一定要先看红绿灯，红灯时不能走，只有绿灯时才可以走，走的时候一定要走斑马线；在通过没有交通信号灯和人行横道的路口时，先看看右侧有没有车辆，再看看左侧有无车辆驶来，确认安全以后再通过，走的时候要从容经过，不能乱跑；如果在过马路的时候绿灯突然变成红灯了，这时千万不要强行通过，最好在行人等待区等待红灯变绿后再通过。另外，父母还要提醒孩子，在过马路时，要注意正在转弯的车辆，以免发生碰撞。因为有时即使交通信号灯是绿色的，车辆也可以向右转弯，小朋友千万要记得让右转弯车辆完全通过后自己再走动，这样既文明礼让，也保护了自身的安全。

其次，父母要以身作则。父母切记，不管什么时候都要做到言行一致，尤其在孩子面前。父母在向孩子讲解交通规则的同时，要以身作则，自己不能随便闯红灯，更不能带着孩子一起闯红灯，过马路的时候，一定要走斑马线，用自己的实际行动给孩子树立一个良好的榜样。

最后，和孩子一起玩"红灯停绿灯行"的游戏。如果孩子小，不能理解那些交通规则，父母可以和孩子一起玩一玩"红灯停绿灯行"的游戏：父母可以扮演交通信号灯，他们可以一个人手里拿着红灯，一个人手里拿着绿灯，让孩子看着车子过马路，并且看看父母手中的红绿灯。如果父母举起的是绿灯，孩子就可以往前走；如果父母举起的是红灯，就让孩子停下来。如果孩子违反了"交通规则"，那么可以让孩子罚站几分钟，然后再继续玩游戏。

乱丢垃圾，不文明行为巧改正

孩子在公共场合乱扔垃圾的现象相当普遍：在公交车上，在公园里，在博物馆里，在游乐场里，只要孩子吃完零食或者用完卫生纸，就会随手一扔，让地面上脏兮兮的，开满了五颜六色的"花"。尤其是一些口香糖，一不小心就会被人踩在脚上，让人又生气又无奈。

原本干净整洁的公共场合，由于孩子们乱扔垃圾，结果一片狼藉。很多时候，孩子乱扔垃圾、纸屑，是因为他们并没有意识到这是一种不文明的行为。他们认为，这有什么大不了的，不是还有清洁工吗？他们的职责不就是清扫垃圾吗？

小美就是这样的孩子。

小美上一年级了，她的学习成绩特别好，爸爸妈妈、老师同学都非常喜欢她。虽然她各方面都比较优秀，但是有个不好的习惯——喜欢到处乱扔垃圾。

不管在家里、学校，还是在人多的公共场所，小美总是喜欢将垃圾到处扔，她感觉这样很好玩，而且能把垃圾扔到很远的地方，显得非常酷。对于小美乱扔垃圾的行为，爸爸妈妈曾经多次教育她，但是都没什么效果。

有一个星期天，妈妈带小美去附近的公园玩。由于早上起床有点晚了，妈妈没来得及做早餐，于是就给小美买了一个面包，准备带到公园吃。

到公园后，妈妈要去接一个电话，就让小美坐在花坛边吃面包，边吃边等妈妈回来。妈妈走后，小美便拆开面包，大口大口地吃了起来。吃完之后，小美把包装袋揉成一团，用力一扔，扔到很远的地方。其实，在花坛旁边就有一个垃圾桶，小美只是不想走那几步罢了。

小美乱扔垃圾的行为，正好被一位正在打扫卫生的清洁工看到了。那个清洁工走过来，十分严肃地对小美说："小朋友，吃完东西，怎么不把包装袋扔进垃圾桶呢？你看，那边就有一个垃圾桶啊！"

"扔个垃圾还要走过去，我还嫌麻烦呢！"没想到，小美对清洁工毫不客气，"你们清洁工不就是打扫卫生的吗？你把它扫走不就行了！"

小美的这些话正好被打完电话回来的妈妈听到，她很严厉地对小美说："小美，在公园里乱扔垃圾是不对的，快把你扔的包装袋捡起来，扔进垃圾桶里。"

小美看到妈妈真生气了，只好十分不情愿地捡起包装纸，扔进了旁边的垃圾桶里，还对着那位清洁工吐了吐舌头。

妈妈从口袋里掏出了湿巾，一边帮小美擦掉嘴边的面包屑，

一边对小美说："你看这些清洁工阿姨，她们每天辛苦地帮助大家打扫卫生，保持公园干净整洁，我们应该尊重和珍惜她们的劳动成果。所以我们不要乱扔垃圾，知道了吗？"说完，妈妈以身作则，将擦完嘴的湿巾扔进了垃圾桶。

"知道了，知道了……妈妈，您可真啰唆！"小美十分不耐烦地向妈妈吼道。

妈妈一时不知道该说什么好，心想这孩子怎么一点规矩都不懂。

对于孩子乱扔垃圾的行为，有的父母视而不见，他们认为孩子还小，长大就会改掉这个坏习惯的。还有一些父母感觉无所谓，反正许多小孩子都是到处扔垃圾，何必那么较真呢？可是，有的父母就不一样，他们认为"生活无小事"，对于孩子乱扔垃圾的行为，必须立刻制止。一位家长就因为有效制止了孩子乱扔垃圾的行为，成了小区里的名人。

这位家长姓刘，是两个孩子的妈妈，她有一个五岁的儿子小佳，还有一个小女儿。

有一天，刘女士在小区业主微信群里看到大家在热烈讨论高层乱扔垃圾的现象。她留意看了一下，原来是一位业主刚从楼道出来，就看到一个空牛奶盒从高层飘落下来，随后还有一些果皮之类的，纷纷扬扬飘落下来，它们几乎是擦着他的头落到地上，差点就掉到他的脸上了。这位业主非常生气，立即往上看，想找到乱扔垃圾的人，可是隔着防盗网，完全看不清。于是他将照片发到群里，来谴责这种不文明行为。

群里人纷纷对这种行为表示反感，他们认为高层乱扔垃圾不但是不文明的行为，而且一旦伤到人，后果不堪设想。就在大家议论的当口，刘女士忽然想到自己的两个孩子在家玩，会不会是他们干的？她连忙看一下那位业主拍下的牛奶盒，好像家里买的就是这个牌子的牛奶。她赶紧拨打家里的电话，让孩子的奶奶调查一下是不是儿子小佳扔的。小佳最后承认是自己扔的，他说自己只扔了果皮，是妹妹扔了牛奶盒。

得知事情的真相后，刘女士第二天就带着两个孩子去小区捡垃圾并扔进垃圾桶。她罚孩子们：扔一个，要捡十个。于是，两个孩子做了小半天的"小卫生员"。

刘女士将两个孩子捡垃圾的照片传到网上，并向邻居们真诚道歉，说已经责罚过孩子，幸好没有伤到人，乱扔垃圾本身就是不对的，孩子们这次得到教训后再也不会犯错了。

那些业主们纷纷为刘女士的行为点赞，他们认为"能够及时帮助孩子改正错误，这位家长真是好样的！"

相比那些纵容孩子乱扔垃圾而且自己也随手乱扔果皮、纸屑的父母，刘女士的做法真是为他们上了一课。由此可见，要想改掉孩子乱扔垃圾的行为，家长的言传身教非常重要。

然而，现实生活中，我们常常能够看到一些乱扔果皮、纸屑的成年人，他们随意将垃圾扔在马路上、广场上、公园的花坛上……即使几步之外就有一个垃圾桶，他们也假装看不见。即使他们看到了，也会认为反正地上脏了有清洁工打扫，如果地上没有垃圾，要

清洁工干什么?

殊不知,他们的这些不良思想和行为会渐渐影响孩子,正所谓"上梁不正下梁歪",长此以往孩子就会渐渐失去环保意识和公德心,从而养成随手乱扔垃圾的坏习惯。

因此,想让孩子改掉乱扔垃圾的坏习惯,父母首先应做到自己不乱扔垃圾。同时,还可以通过做大扫除、讲故事及演讲等方式激发孩子保护环境的意识,从而让孩子自觉维护公共卫生。

当然,对于那些故意乱扔垃圾、屡教不改的孩子,父母也应制订一定的规则,让人人厌恶的小淘气成为人人喜爱的文明小使者。

第一,用过的东西不能乱扔。父母应给孩子做出明确的规定,不管是在家里、在学校,还是在公共场合,用过的东西不准乱扔。父母可以这样对孩子说:"宝贝,用过的东西要扔进垃圾桶里!这样才是一个文明的好孩子。"

第二,对孩子乱扔垃圾的行为及时进行教育。如果发现孩子乱扔垃圾,家长应该及时制止并进行适当的教育。当然,教育从来都不是打骂,是通过讲道理等方式让孩子明白自己的行为错在哪里,应该如何改正。

第三,让孩子参加一些环保活动。如果学校或者社区正在举办一些环保活动,最好让孩子也参与其中。这样,孩子就能从环保活动如打扫卫生、清理公共场所的垃圾中亲身体会到乱扔垃圾的危害,从而意识到爱清洁是自己义不容辞的责任。这样孩子就能树立起环保意识,从而改掉乱扔垃圾的行为。

第四,及时表扬孩子不乱扔垃圾的行为。如果父母发现孩子乱扔垃圾的行为减少了，或者孩子能够主动将垃圾扔进垃圾桶里，就应该及时表扬并鼓励孩子，这样孩子就会产生一种自豪感，知道自己已经是一个爱清洁、讲卫生的好孩子了。这样孩子就会时刻提醒自己，不要随便乱扔垃圾，甚至有时候还会有意识地去阻止别人乱扔垃圾。

随地吐痰，真应好好上一课

在公共场所，随地吐痰的现象非常普遍：大街上，时常有人因随地吐痰而使旁人成为"受害者"；有的人走着走着，忽然凌空飞来几团痰液，来不及躲闪就会被击中；许多司机师傅常常不顾及他人，摇下车窗就是一口飞痰……走在大街上，稍加留意就会发现，路上总有或多或少的痰迹，一不注意，脚下就可能是个"雷区"。

大家都知道，在公共场所吐痰是一种不文明的行为，而且还会给自己或者他人的健康带来危害。因为痰液中含有多种病菌，这些病菌能够通过空气传播，成为许多呼吸道疾病的传染源。有人曾专门对一些公共场所的痰迹进行过化验，结果显示，4%～6%的痰液中含有结核菌，而开放性肺结核患者的痰中结核菌的含量更大，每毫升痰液中含有10个以上的结核菌。

因此，一些发达国家或者城市将"随地吐痰"列为重点整治的对象之一；有的地方性法规中规定对随地吐痰者进行罚款；还有一些地方，如果发现有人随地吐痰，此人除了要将自己的痰液擦干净之外，还要被罚打扫卫生。这些"强制性"措施的出台，也是为了保持公共场合的卫生。

然而，许多人无视这样那样的"强制性"措施，随地吐痰的现象屡禁不止。这不仅不文明，还容易传播疾病，污染生活环境，最重要的是，成人的这些做法给孩子们造成了不良的负面影响，让他们误以为吐口痰根本不值得大惊小怪。

辰辰的爷爷是一位老烟民，已经有二三十年的烟龄了。他的中指指甲被熏得黄黄的，离老远就能闻到他身上的烟味。更要命的是，他经常有浓痰，随时随地不吐不快。

由于辰辰的爸爸妈妈工作繁忙，辰辰几乎从小就和爷爷一起生活。在耳濡目染之下，辰辰也养成了随地吐痰的坏习惯。当妈妈把辰辰接到身边并发现他的这个坏习惯后，就一直在努力帮他改正。每次妈妈向辰辰耐心地讲述随地吐痰的各种危害的时候，辰辰都皱着眉头，小声说："在老家，人们都是这样，也没什么不好的。"

妈妈很无奈，只能无数次地给他讲述随地吐痰的危害。为了让孩子改掉随地吐痰的坏习惯，妈妈还说，如果辰辰能做到一星期不吐痰，就给他买最喜欢的玩具，结果晨晨真的保持一星期没有随地吐痰。

此后很多天，辰辰都没有随地吐痰。当妈妈以为辰辰已经不再随地吐痰的时候，随后发生的一件事让她又一次后悔把孩子交给老人带。

那几天，辰辰喉咙发炎，咳嗽得很厉害，痰总是卡在喉咙眼里，吐不出来。于是，妈妈带他去医院看病。他们打出租车去的医院，在出租车上，辰辰一直咳嗽，一不小心他就一口痰吐在出租车上，妈妈连忙用纸擦，并对辰辰说："不要再往出租车上吐了，你看叔叔的车上多干净啊，你吐在车上就给叔叔弄脏了。"辰辰问："那我吐哪里好呢？"妈妈说："来，妈妈给你一张纸巾，你吐纸上吧。下车扔到垃圾桶里就行了。"说着妈妈从包里掏出一张纸巾，递给辰辰。辰辰接过纸巾，点了点头。

不一会儿，辰辰又有痰了，他随口从车窗吐出去。妈妈气愤地说："辰辰，你怎么能从车窗往外吐痰呢？这样很容易吐到后面的人的身上！"辰辰委屈得快要哭出来，他指着司机师傅说道："这个叔叔就是这样吐的。"妈妈彻底无语了，她尴尬得真想马上下车。那位司机师傅也是脸红到了脖子根。此时，车内静极了，只能听到车前行的声音。

从上面的案例可以看出，孩子对于大人的言行总是善于模仿，因此成年人尤其是孩子的父母要以身作则，首先自己做到不随地吐痰，然后再要求孩子做到。如果父母发现孩子在公共场合随地吐痰，不仅当时就要对孩子进行严格的批评教育，还应该设立一些规矩约束孩子的行为，让孩子从小讲文明、懂礼貌。那么，具体来说，应该给孩子设立哪些规矩呢？

首先，父母要规定孩子时刻注意环境卫生。不仅在公共场所，即使在家里也不能肆无忌惮，把家里弄得又脏又乱。想要保持家里干净、整洁、卫生，父母就应具体告诉孩子怎么做。比如，家里的桌椅要摆放整齐、窗户要经常擦洗，地板上的玩具不玩的时候要摆放整齐，尤其要注意的是不要把痰直接吐到地上，可以吐到卫生间或者痰盂里。

其次，让孩子自己判断吐痰是否文明。父母可以给孩子举一个随地吐痰的例子，并告诉孩子这样做的危害性，再讲一个不随地吐痰的例子，让孩子自己通过比较判断哪些行为是不文明行为，并说出理由。孩子通过自己的理解得出结论，才能够更加明辨是非，知其然也知其所以然。这样他对这件事才能理解更透彻、记忆更深刻，也就不会做出错误的行为。

再次，父母应告诉孩子公共场合应该如何吐痰。孩子知道不能随地吐痰，但是不知道公共场所想要吐痰时该怎么办。有的孩子在遭到父母批评时，强忍着把痰咽下去，这是一种不卫生的行为，对身体健康极其不利。父母应告诉孩子，可以把痰吐在卫生纸里，丢进垃圾桶，环保部门最终会对其进行消毒处理，这样就不会因吐痰而污染环境、污染空气了。

最后，父母可以教孩子唱一些关于"不随地吐痰"的儿歌。比如，"小小一口痰，细菌千千万，传播疾和病，害处数不完，影响环境美，人人都讨厌。""公共场所人真多，讲究卫生我做到。身体不适要吐痰，我来教你怎样办。请你首先避开人，把痰吐到纸巾里。赶快找到垃圾桶，包好之后把它扔。"这些儿歌语言简洁，通俗易懂，便于孩子理解和记忆，可以给孩子留下深刻的印象，孩子也易于接受。

先来后到，要让孩子排好队

在家中，孩子往往会以自我为中心，尤其是独生子女，一家几口通通围着他转，他们很容易迷失自我，忽略他人，不考虑别人的感受，孩子也因此习惯了自己的"中心"地位。但是人不能脱离社会，因为社会有一定的规则，需要人人遵守。

排队，是一种简单的社会规则。父母要教孩子在生活中学会排队，因为它不但是一种社会规范，还能够帮助孩子逐渐走出"以自我为中心"的成长阶段，让他们逐渐明白，地球并不是围绕着自己转的，自己的家人也不应整天围着自己转，自己也应考虑别人的感受。有了这样的认识，孩子就能做到自觉排队，同时懂得尊重别人、理解别人，这是孩子社交能力发展的雏形。一个能够耐心等待乖乖排队的孩子，会给人一种彬彬有礼的感觉；而那些不愿意排队，总喜欢插队的孩子，通常给人留下一种不文明、没礼貌的印象。

可以说，排队是孩子从小必须学会的一种"本领"，这也是孩子在日常生活中不可或缺的内容。平时，只要人多的地方，总能看到一排排长队。无论是乘公交车，还是去游乐场玩，甚至是去厕所，都需要排队。而且，让孩子学会排队，学会等待，也有助于孩子对规则意识的形成。因此，父母要让孩子从小养成人多排队的好习惯。

终于等到周末了，正好爸爸不上班，7岁的小旭就缠着爸爸，让他带自己去游乐场玩。

"爸爸，您整天工作那么忙，都没时间陪我玩。"小旭装出一副可怜的样子，苦苦哀求道，"今天您不上班，就陪我去游乐场玩一天吧！"

爸爸经不住小旭的软磨硬泡，只好答应了他。他们从家里出发，半个小时左右就来到了游乐场门口。可是，小旭发现游乐场的售票处排起了长长的队伍，恐怕等他们买到票已经快中午了吧！

"爸爸，您看前面排了这么长的队，我们什么时候能买到票啊！"小旭皱着眉头，小声对爸爸说，"要不我们去前面插队买票吧！否则买票晚了，摇摇车都被别人抢走啦！"

"这可不行！"爸爸拉着小旭的手，十分认真地对他说，"别的小朋友都在排队，你不能搞特殊，要学会等待。"

小旭还想反驳爸爸几句，可是一时找不到合适的"理由"，无奈之下，只好和爸爸一起排在了队伍的最后面。长长的队伍一点一点地往前挪，直到上午十点半左右，他们才买到票。小旭非常兴奋，和爸爸一起冲进了游乐场。

爸爸知道，小旭最感兴趣的就是摇摇车。果然，小旭直奔摇摇

车而去。不过，喜欢玩摇摇车的小朋友太多了，他们一个个自觉地排起了长队。爸爸摊了摊手："看来，我们需要再排一次队了。"

可是，小旭已经没有了耐心，只见他径直走到一辆摇摇车前，对正在开摇摇车的小朋友无礼地说道："你玩够了吧！快点下来让我玩一会儿！"说完，就要去拽摇摇车上的小朋友。

爸爸一看到这种情形，就立刻把小旭抱回来，可是小旭不停地挣扎，非要马上坐摇摇车不可。爸爸生气地对小旭说："如果你再这样不讲理，我们就回家……"爸爸的话还没说完，小旭就"哇"的一声大哭起来，他大声喊道："我不回家！我就是要玩摇摇车！"

这时，周围的家长都在用异样的目光看着小旭和爸爸，这让爸爸感到十分尴尬。他没想到，自己平时对小旭宠着惯着，却是害了他，如今他在公共场合也变得蛮不讲理，还一味地耍赖，看来该让他学会一些规矩了。想到这，爸爸以一种从未有过的严厉语气对小旭说："现在，你必须遵守规矩！要么耐心排队等待，要么先去玩别的游戏，玩完再回来玩摇摇车。如果你再耍赖，爸爸只能带你回家。"

小旭听爸爸的语气，好像没有一点商量的余地，他只好不作声，和爸爸一起排好队。在排队的时候，爸爸给小旭讲了许多关于排队的故事和道理，使他意识到插队是对别人的不尊重，每个人都要维持秩序，做到好好排队，不插队。

当小旭擦干眼泪，认真排队的时候，爸爸欣慰地对小旭说："爸爸很高兴，因为你能够乖乖地排队，现在你已经是一个有规矩、懂礼貌的好孩子了。"

虽然那天很晚才轮到小旭玩摇摇车，但是他还是玩得很开心。因为爸爸已经答应小旭，只要他能够乖乖地排队，爸爸就会经常带他来游乐场玩。这是他们父子二人的约定。

在公共场合排队的时候，我们经常会看见一些孩子冲爸爸妈妈喊道："你怎么不往前面挤啊？"有的甚至直接拉着父母的手往前挤。这时，父母就不要再纵容孩子了。父母要给孩子设立一定的规矩，帮助孩子培养排队的意识。当然，想要孩子学会等待，有排队的意识，绝不是一件可以一蹴而就的事情，它需要父母时时提醒与监督孩子，需要父母付出足够的耐心与恒心，这是孩子逐步形成认知和习惯的必经过程。那么，家长应该订立哪些规矩来引导孩子学会排队呢？

首先，父母应该以身作则，不随意插队。要想让孩子学会排队，父母平时就应该做到耐心地排队等候。不管是在家里，还是在一些公共场所，父母都要做到不随意插队。在孩子表现急躁，想要插队的时候，也不能顺着孩子。可以试着分散孩子的注意力，比如和孩子聊聊天，或者做一些小游戏。当轮到自己的时候，父母可以微笑着对孩子说："时间过得真快啊！一会儿就轮到咱们了。"

其次，父母应该多带孩子出去，让孩子置身于排队场景中，亲自体验等待的感觉。比如，在带孩子去看儿童话剧或电影的时候，孩子和父母一起排队等待购票，一起排队等候入场，在等待的过程中，孩子就能明白，在耐心地等待之后，才能观看精彩的节目。还可以带着孩子在人多的餐厅就餐，让孩子在排队等餐的过程中明白，即使是自己喜欢的美食，也不是"招之即来挥之即去"的，也

是要经过一番等待才能享用。

再次，让孩子看到插队的后果。如果孩子对于排队毫不重视，父母就要让孩子看到插队的后果，这样的例子在生活中随处可见。比如，父母可以带孩子去火车站看看那些排队买票的人们，常常会因有人插队而相互争吵，而且插队的人常常会受到大家的一致谴责。父母可以把这些人作为反面例子，告诉孩子，插队不但对后面认真排队的人不公平，还容易引起矛盾，激起公愤。

另外，父母要注意正面强化孩子的排队意识。在排队的时候，如果孩子能够自觉地排队，没有表现得不耐烦或者有急躁情绪，父母就要及时表扬孩子，比如对孩子说："孩子，你今天能好好排队，表现得真棒！"这样孩子的印象里就能形成这样的概念：自己能好好排队，就能得到父母的表扬。于是就会自觉养成排队的好习惯。

最后，父母可以通过游戏的方式对孩子加以引导。父母可以模拟去商场买东西的场景，然后邀请几个小朋友一起参与这个游戏，让孩子在游戏中体验排队的过程，并学会等待。

定规矩小妙招：孩子外出前的约定

孩子外出时不听话的现象非常普遍，也非常考验父母的忍耐力。一般来说，孩子在外面"疯"的原因有两个。一是孩子习惯了家里的规矩，一到外面，就会变得无所适从，而且很多公共场所本身就没有定规矩。二是在公共场所，孩子会面对很多刺激因素，如商场里耀眼的灯光、五彩斑斓的色彩、嘈杂的声音、好玩的玩具，当这些一股脑摆在孩子面前时，孩子就会受到过度的刺激，他控制自己行为的能力就会大大降低。此外，父母带孩子去朋友家玩时，小朋友之间打成一片，为难得的相聚激动不已，导致孩子过度兴奋，也很难保持良好的自制力。

因此，父母带孩子外出之前，要给孩子定下规矩，约束孩子的行为，让他的行为符合社会规范。具体来讲，父母可以这样做：

第一，告诉孩子外出时的规矩，比如，不要随便从妈妈身边跑开，未经允许不能拿主人的东西，等等。规矩不要过于笼统，最好不要提"你要表现好一点"或者"你要乖，不能乱来"等过于笼统

的要求。当孩子能够完全理解这些规矩的时候，你要告诉他，这些规矩你只警告他一次。

第二，设置奖罚措施。上一步完成后，父母要明确而详细地告诉孩子遵守规矩会得到什么奖励，如奖励几张贴纸或者一个糖果。需要注意的是，以食物作为奖励，尽量不要过于频繁，可以用孩子喜欢的其他奖励替代，否则孩子可能会产生肥胖问题。当然，奖励的设置要与事情的困难程度成正比，例如孩子在庄重的场合遵守规矩，应该比他去超市时遵守规矩获得更大的奖励。当孩子严重违反规矩时，父母要予以惩罚。比如孩子从父母身边跑开，使自己处于危险当中，父母就要采取一定的惩罚措施。最好的惩罚是取消对孩子的奖励，这会刺激孩子遵守规矩。

第三，到达目的地之后，父母要时刻监督孩子，确保他遵守规矩。如果孩子初次违反规定，就要给予一次提醒。假如孩子再次违反规定，就告诉他将得不到奖励，而且所有的奖励都没有了。如果孩子大哭大闹，父母就要惩罚孩子，让他面壁思过。地点可以是厕所、无人的角落或等候区的椅子等，如果实在找不到合适的地方，自己的爱车也可以作为孩子面壁思过的地点。需要注意的是，不管在哪，都不能让孩子离开自己的视线。时间要合理，尤其是夏季，不能让孩子待在车内太长时间。当然，如果孩子遵守规矩，家长一定要给予他赞扬和奖励。

—— 第十章 ——

培养好性格——孩子一生受益

著名心理学家威廉·詹姆斯有一句名言："播下一个行动，收获一种习惯；播下一种习惯，收获一种性格；播下一种性格，收获一种命运。"受这句名言的影响，许多父母特别注重培养孩子的好性格。他们知道，好性格能使人一生受益，于是他们建设一系列规矩，希望孩子能够拥有善良、诚信、坚强、独立等良好性格。

诚实守信，不开"空头支票"

有一个心理研究所花了3年的时间，对7个省13个城市共计430个家庭进行了调查，他们在调查中发现，有50%的孩子从3岁就开始说谎，年龄越大，说谎的孩子的数量越多，例如，对9岁孩子的调查发现，其中70%的孩子都说过谎。其实，好人变坏，大都是从不诚信开始的，而人的不诚信则源于说谎。

对于孩子来说，他的谎言往往源于父母的"言而无信"。在孩子哭的时候，父母经常哄孩子说："宝宝把药吃了，一会儿妈妈给你买糖吃。听妈妈的话，妈妈给你买新衣服……"

然后就没有下文了。大人可能说说就忘了，但说者无心，听者有意，孩子为了吃到糖或者穿上新衣服，他会认为药再苦也是值得的。于是他拼命吞下苦药，可是换来的却是一张"空头支票"。孩子就会对父母非常失望，同时也学会了说谎，对自己所说的话不负责任，经常不兑现承诺。

古人早就意识到父母的不诚信对孩子带来的负面影响，孔子的学生曾子的教子故事就十分值得所有父母学习。

　　有一次，曾子的妻子要去集市上赶集，儿子哭着闹着要和她一起去。她就哄骗孩子说："如果你乖乖待在家，我回来就杀猪给你吃。"一般他们只有过年才会杀猪，孩子因为马上就能吃到猪肉，当然十分开心地答应了。

　　妻子从集市上回来，看到曾子真的准备杀猪，她连忙阻止他："我那是哄孩子玩的，你怎么还当真了呢？"曾子不理会她，反而教育起她来："孩子都是有样学样，在家他都是跟着父母学。今天你哄骗他，就是教他学会骗人！他以后也不会再相信你，那你以后就很难管教他了。"

　　最后，他们为孩子准备了一顿丰盛的美餐。他们为孩子上了精彩的一课，让孩子从此懂得了"言必信，行必果"的道理，也知道了做人要言而有信。

　　在现实生活中，许多孩子都会说谎。孩子说谎的问题让父母非常头痛，其实只要弄清孩子说谎的原因，就可以慢慢改掉孩子说谎的坏习惯。一般来说，孩子说谎有以下三个原因。

　　第一，为了赢得父母的注意。对于年龄较小的孩子来说，父母就是他的全世界，因此在与父母互动的过程中，他非常清楚自己的哪些举动容易引起父母的关注，比如说一些夸张的话或者做一些不当的举动，然后他就会重复这样的行为，以得到父母更多的关注。

　　第二，想象力丰富。有的孩子看起来是在说谎，其实并不是这样。尤其是学龄前的孩子，他们正处于语言学习阶段，特别是在玩角色扮演的游戏时，开始使用假设性的语言，而不知情的父母可能会被孩子的话吓坏。其实，父母应分清，孩子到底是在玩游戏还是内心的想象性语言。

第三，出于自我保护或逃避责任。有的孩子出于自我保护而说谎，但他狡辩的行为常常让父母误以为孩子缺乏罪恶感和羞耻心。事实上，孩子是因为做错了事感到强烈不安才害怕承认，或者在孩子的经验中，承认错误或说实话的后果，通常是受到严厉的处罚，因此心中害怕，希望通过撒谎"逃过一劫"。因此，父母在面对孩子做错事的时候，应该保持冷静的态度，孩子内心的恐惧淡化了，他们就不需要通过说谎来保护自己了。

第四，模仿大人的言行。孩子看到大人或者电视中的人物撒谎时，会习惯性地选择模仿。"育儿"之前先"育己"，在给孩子贴上"说谎"的标签之前，大人也应反省一下自己：平时是否给孩子树立了一个好榜样。

不管出于何种原因，父母在对待孩子的说谎问题时，都应根据具体情况进行区别对待。父母在平时应多与孩子沟通，及早发现孩子说谎的不良行为，然后为其设立相应的规矩，帮助孩子纠正说谎的坏习惯。那么，家长应该如何设立规矩呢？

第一，父母要做诚信的榜样。父母想让孩子诚实守信，首先自己不要言而无信。如果父母经常说谎、骗孩子、骗他人，那他将很难培养出不说谎话的孩子。比如，父母在家接听手机时，当着孩子的面说自己在外面；或者因睡懒觉耽误了上班时间却说是因为路上堵车；等等。千万别以为这些只是小事，殊不知这实际上是在无意中教孩子说假话。

第二，让孩子说到做到。父母要从小教育孩子做一个讲信用、负责任的人，答应别人的事一定要兑现；孩子如果因为不可抗拒的外部原因导致没有实现承诺，就要向别人诚恳地说明原因，表达自己的歉意。

第三，要重视孩子的第一次说谎。想要纠正孩子说谎的坏习惯，父母最好在发现孩子第一次说谎时就给孩子立下规矩，否则会导致孩子故伎重演，如果他的谎言屡屡得逞，久而久之孩子就会养成一种恶习。

第四，时常抓住机会教育孩子。当孩子出现撒谎行为时，父母要根据实际情况来具体处理，及时弄清事情的来龙去脉，让说真话的孩子得到表扬，让说假话的孩子受到惩罚。尤其对于孩子诚信的行为，应及时给予肯定和夸奖，这样能够强化孩子的诚信意识，使诚信逐步变成孩子的内在品德。

学会坚强，不做"爱哭鬼"

曾经有这样一个笑话：

一位母亲为她已长大的儿子操碎了心，也伤透了心，她最后不得不向一位教育专家求教。教育专家问她："当孩子第一次系鞋带时打了个死结，你是不是从此不再给他买需要系鞋带的鞋子？"这位母亲点了点头。

教育专家接着问："当孩子第一次刷碗时弄湿了衣服，你是不是再也不让他刷碗了？"这位母亲回答："是的。"

教育专家又问："孩子第一次整理床铺，足足用了2个小时，你是不是嫌他笨手笨脚的？"这位母亲惊讶地看着教育专家，对他佩服得五体投地。教育专家又开口了："如今孩子已经长大，但是他没有上进心，而且一遇到困难就会来找你，是吗？"这位母亲更加吃惊了，她激动地从座位上站起来，靠近教育专家说："这些您是怎么知道的？"

教育专家微微一笑，说道："从那根鞋带就知道了。"

这位母亲追问："那我以后应该怎么办呢？"

教育专家一本正经地说："当他生病的时候，你最好立刻带他去医院看病；当他要结婚时，你最好给他准备好婚房；当他没有钱时，你最好立刻给他把钱送过去。这是你以后最好的选择，我也没有别的办法。"

这个笑话值得所有父母思考：自己是不是像上面这位母亲一样，对孩子的事情大包大揽，让孩子像温室里的花朵一样经不起一点挫折？其实，在每个人的成长道路上，总会经历这样、那样的挫折，父母如果总是代替孩子应对前行路上的拦路虎——挫折，就会剥夺了孩子犯错误的机会，孩子不曾经受一点挫折，根本就不懂得什么叫作坚强、勇敢。

关于这一点，犹太父母就做得很好。犹太民族本身是一个坚强的民族，犹太人对于逆境的态度非常乐观，他们认为，只要时过境迁，一切都会好转。这种良好的民族气质通过犹太人的"坚强教育"一代代传承下来。犹太父母认为，只有坚强的孩子才能有所成就，因此，他们常给孩子们讲述"西勒尔忍冻学习"的故事。

西勒尔是一位著名的犹太学者。年轻的时候，他就立下一个志愿，那就是一心一意钻研《犹太教则》。可是那时的他既没有足够的时间，也没有宽裕的钱财，这就使他的愿望显得遥不可及。最后，他终于想出了一个好办法：拼命工作，然后把工钱的一半给学校的看门人，让他允许自己去学校听课。靠着这个办法，西勒尔听了一段时间的课，可是他的钱实在是太少了，到最后他连一片面包都买不起了，更给不起看门人钱了。在他再一次去学校听课的时候，看门人坚决地拦住了他，不让他踏进学校一步。

这可怎么办呢？西勒尔并没有灰心，反而另辟蹊径，他沿着学校的墙壁慢慢往上爬，就看到了教室的天窗。透过天窗，他可以清楚地看到教室里的一切，当然也能听到老师讲课的内容。

安息日前夕，天寒地冻，寒风刺骨。第二天，学生们照常到学校上课，他们惊奇地发现，教室外面阳光灿烂，可是教室里面却漆黑一片。原来是西勒尔躺在天窗上，遮挡住了光线。他的身上落了一层积雪，已经被冻得半死——为了听课，他在天窗上已经躺了整整一夜。正是源于这份坚强，西勒尔才成为名垂千古的大学者。

坚强的人永远不会抱怨，没有条件，他们就去创造条件，凡是他们想去做的事情，他们总是会想尽一切办法去完成，所以常常会表现得非常出色。而那些怯懦的人则相反，他们一遇到挫折就感觉无法忍受，于是经常暴跳如雷，甚至做出极端的事情。但坚强的性格不是一时就能形成的，是从幼儿时期开始就需要培养的。

对于那些敏感、脆弱、动不动就哭鼻子的孩子，父母应及早帮助他们改变这种不良性格，让孩子变得坚强起来。那么，父母应该怎么给这些孩子设立规矩呢？

首先，父母应明确地告诉孩子，哭是解决不了问题的。孩子哭，可能是因为被别的小朋友欺负了，也可能是因为被老师批评了，或者是因为害怕吃药、打针等。但不管出于什么原因，父母都不要立刻上前安慰，而应该让孩子先说清事情的原委，然后一起帮助孩子分析原因，进而找到解决的办法。对于那些想通过哭来引起大人注意或者满足自己要求的孩子，父母要坚持自己的立场，不能因为心软而妥协。

其次，父母要让孩子用合理的方式来表达自己的要求。家长在平时应该认真回答孩子的每一个问题，同时规定孩子在提出要求时使用合理的方式，不能每次都通过哭来表达。父母可以明确地告诉孩子，哭不能给他带来任何想要的东西，不哭反而有机会得到。当孩子不哭不闹，用语言表达出自己的要求时，父母应该鼓励孩子，并尽量满足孩子的要求。

再次，父母最好不要理会孩子的哭闹。对于孩子的大哭大闹，父母最好不要理会，可以把他们放在一张椅子上，让孩子尽情哭闹发泄。父母可以采用不理不睬的态度，或者干脆去忙别的事情。总之，要给孩子一点时间，让他自己把情绪稳定下来。父母要明白，想让一个哭得正凶的孩子立即停止哭泣，简直是不可能的事情。同理，在孩子哭闹的时候，父母也不要使用语言暴力或者武力威胁孩子，更不要表现得不耐烦，因为父母的任何反应都会使孩子哭闹的时间延长。

最后，父母应对孩子不哭的行为及时表扬。如果孩子某一次没有哭，父母就应该夸赞孩子比以前进步了，还可以给孩子一个拥抱、一个亲吻，这些都是对孩子良好行为的鼓励。

走向独立，不做小小"跟屁虫"

很多父母在出门之前都要解决一个大难题：孩子一看到爸爸妈妈要出门，就会哇哇大哭。孩子小的时候喜欢黏人，这是一种正常现象。一般来说，孩子在6个月的时候，就开始进入"依恋建立期"，这时孩子会对爸爸妈妈产生一种特殊的、明显的依恋之情，而对于陌生人则充满恐惧。这种情绪在晚上会表现得尤其明显，有的孩子在没有爸爸妈妈陪伴的情况下，会整夜哭闹，甚至难以入睡。

如果孩子到了一定年龄，还是整天黏着父母，见到陌生人就躲在父母身后，甚至不去和小朋友们一起做游戏，那么，家长对此就要引起重视。对父母的过分依恋，会严重影响孩子身心的健康发展。一般情况下，过度依恋父母的孩子，其自理能力往往比较差，因为他们什么都依赖父母，所以什么都不会做。而且过度依恋父母的孩子，其思想也不够独立，因为他们遇到什么问题总是依赖父母帮他们解决，自己没有主见，问他们什么，他们也总是会习惯性地说"不知道"。

孩子过分黏人，与家人的过度宠爱有着直接的关系。现在的孩子大多是独生子女，爸爸妈妈、爷爷奶奶、外公外婆把他们当作掌上明珠，孩子过着衣来伸手饭来张口的生活，自己什么都不用做，什么都不需要操心。这种宠爱的结果就是让孩子养成过度依赖的坏习惯，他们遇到事情不会去自己考虑怎么解决，而是全部推给家人解决，所以他们的日常生活一刻都离不开父母。

他们的父母总是怕孩子为难，怕孩子吃苦，于是很多事情都为他代劳，包括孩子力所能及的小事，比如替孩子做值日，帮孩子叠被子、洗衣服、洗袜子，等等。在帮孩子做这些事的时候，父母往往忽略了，孩子也是一个独立的个体，他需要学会承担责任，他要学着自己慢慢长大。如果长期如此，孩子根本学不会照顾自己，更别提照顾他人及对他人、对社会负责任了。在这种家庭长大的孩子，由于受到父母过多的呵护，容易养成懒惰、不爱动脑的坏习惯，处处以自我为中心，对周围的人和事物常常表现得漠不关心，从而缺乏一种基本的责任感。因此，给过度依恋父母的孩子定规矩，改变孩子黏人的坏习惯，已经是一件刻不容缓的事情。

让孩子学会独立是摆脱黏人的孩子的第一步。伟大的思想家马克思说过这样一句话："人要学会走路，也要学会摔跤。而且只有经过摔跤，才能学会走路。"我国的教育家陈鹤琴对于教育孩子也有着独特的看法，他说："教育有一个原则：孩子进一步，大人就退一步，凡是孩子自己能做的，大人就不要替他去做。孩子进一步，大人退一步，孩子就长大了，这就叫成长，这就叫教育。"他们表达的都是同一个教育理念，即一个人的成长离不开独立做事。

　　事实上，独立做事也是实现人格独立的前提。只有独立做事，孩子才能在做事的过程中有所思考，才能形成自己独特的想法，从而拥有独立的人格。许多犹太家长深谙此道，他们认为，不独立做事的孩子，永远长不大。学校里开展的各种形式的教育，比如音乐、舞蹈、网球等课程，可以使孩子掌握一项技能，但是并不一定会使他的人生走向成功。他们更重视培养孩子独立做事的能力，他们一向认为，孩子只有具备了独立做事的能力，在踏入社会时才会不依赖任何人，才能为自己争取到更多的生存机会。因此，在犹太人的家庭教育中，教会孩子独立做事显得尤其重要。

　　而许多中国父母没有意识到这一点，他们总想为孩子付出得多一点、再多一点，结果就是孩子会依赖父母多一点。这就造成了孩子对父母的过度依赖。有的孩子即使和父母分开一小会儿，也感觉如同世界末日来临一般，大哭大闹。甚至父母只是去楼下的超市买点东西，或者只是去干一些家务，他们都会哭得撕心裂肺。他们恨不得父母一刻也不离开自己。面对这样黏人的孩子，父母每天需要在他们身上耗费大把的精力和时间，而他们每天都使用同一撒手锏——哭泣。

　　对于这样的孩子，中国的父母需要向犹太父母学习，给孩子设立规矩，让孩子从小独立做事，不黏人。

　　第一，从小培养孩子独立做事的能力。犹太父母在孩子很小的时候就指导孩子，鼓励他们自己动手做事，并对他们表现出的独立性给予表扬。比如，给孩子提供属于他自己的地方。孩子出生后，父母就给孩子准备一张婴儿床，这是最早属于孩子的地方。当孩子再大一点，父母会有意识地给孩子准备安全的玩耍环境，这样孩子会爬或走之后，父母就不用亦步亦趋地跟着他了，他会独自玩耍，会变得越来越勇敢，喜欢四处走动，这对孩子来说是非常有益的。

第二，尽早让孩子做家务。在一些犹太家庭，孩子的零花钱不是父母主动给孩子的，而是孩子通过自己的劳动赚来的。父母会事先做出规定，孩子做多少活，就给多少钱，多劳多得，以此来锻炼孩子的独立性。有的家庭甚至没有告诉孩子具体需要做什么，让孩子去院子里转转，看看有什么要做的，然后回来和父母商议："他可以做什么，然后父母要给他多少钱。"这是一整套的谈判过程，让他们从小就学会了"提案"和"讨价还价"。在这种情况下，孩子早早就实现了"经济独立"，这就为精神独立打下了基础。让孩子尽早做家务还有一个重要作用，那就是可以让孩子掌握更多技能，同时在不断体验生活的过程中，他能够很容易地找到自己人生的方向，也更容易在日后做出一番事业。

第三，鼓励孩子做一些力所能及的事。当孩子表示自己想做什么或者会做什么的愿望时，父母切不可阻止他，因为这种表示是孩子独立意识和自信态度的萌芽。此时，父母可以用欣喜和鼓励的语气说"好啊！你来试一试""太好了，我家宝宝真棒"之类的话。父母的及时肯定，可以使孩子意识到爸爸妈妈喜欢自己这样做。于是他就会坚持下去，勇于尝试新事物，渐渐地，他的独立意识和自信态度就会显现出来，而且即使做事时遇到了困难，孩子也不会退缩。相反，如果父母一味地庇护孩子、替代孩子做事，就等于亲手为孩子挖了一个温柔的陷阱，掉进这个陷阱的孩子几乎连尝试错误的机会都没有，又怎么能获得独立做事的能力？

遇事学会冷静，冲动打架只会更糟

一个星期五的下午，张女士去幼儿园接儿子成成回家。刚到幼儿园，张女士就被成成的老师请进了办公室。她知道，成成肯定又闯祸了。果然，老师说成成把班上的飞飞打哭了。最近成成非常爱发脾气，还动不动就打人，这已经不是第一次了。

张女士一听说儿子又打人了，她的气就不打一处来："气死我了！这孩子怎么越来越不听话了，看我回家不收拾他！"

老师一听这话，急忙对她说："成成打人虽不对，但你也不能打他，你打他只会让他更加逆反，更喜欢用暴力解决问题。这样的教育方法是不对的。你应该多和孩子沟通，找找原因。"

回家以后，张女士耐心地问孩子："你为什么打飞飞？"没想到成成说："我就是看他不顺眼，我不喜欢他。"张女士彻底无语了：这也是原因吗？成成5岁就这么暴力，长大了还怎么了得！

为什么有的孩子很暴力，动不动就打人呢？著名的精神分析学家弗洛伊德认为，攻击性行为是人性中的一个基本成分，它是与生俱来的。有关调查结果显示，90%以上的孩子都存在打架的倾向。

美国一位心理学家将孩子的攻击性行为分为两种：一种是敌意性攻击，一种是玩具性攻击。一般来说，年龄小的孩子出现的攻击性行为属于玩具性攻击，他们通常是因为争抢玩具或者其他物品而发生争斗，但随着孩子慢慢长大，这种行为会慢慢消失。有的孩子长大以后，出现以人为中心的攻击行为，他们不只是抢夺物品，还开始对别人的身体进行攻击，这就属于敌意性攻击。一般来说，孩子四五岁的时候出现的打架行为往往是无意识的，这时父母应该对其进行正确的教育和引导，如果父母放任不管，那么当孩子六七岁的时候，爱打架的倾向就会非常明显。当然，父母在对这样的孩子进行教育的时候，不要简单地告诉孩子"要记得还手"或者"不要还手"，而要帮助孩子树立自我保护的意识，引导孩子自己去寻求解决问题的正确方法。

孩子一遇到问题，就喜欢用拳头说话，结果会给自身及周围的人带来身体和精神上的双重伤害。对于这种现象，父母要引起足够重视，并订立相应的规矩，让孩子渐渐改掉爱打人的坏习惯。

首先，父母要以身作则，不要为孩子做出坏榜样。在很大程度上，孩子出现攻击性行为源于对父母的模仿。如果父母平时经常打架或者打孩子，那么孩子就会有样学样，与别人相处时稍不顺心就会出手伤人。因此，父母需要时刻保持良好的形象，时常注意自己的言行举止，加强自身修养，遇到问题要理性看待，并和平解决，对待孩子要足够包容、要有耐心，理性看待孩子的一些不当行为。

其次，不能袒护孩子的打架行为。孩子之间发生冲突是再正常

不过的事情，这是孩子表达情绪的一种方式。因此，对于孩子的小打小闹，父母不必大惊小怪，也不要过多地参与其中，只要引导孩子正确地处理问题就行了。但是，对于孩子经常打架斗殴的现象，父母就不能坐视不管了，一定要对孩子进行教育，不能袒护甚至纵容孩子的打架行为。父母要让孩子明白，与别人发生不愉快是很正常的，但要礼貌对待，和平解决矛盾和冲突，如果用暴力方式解决问题，不但会激化矛盾，而且会对双方造成一定的伤害。

再次，给孩子以警告甚至惩罚孩子。当孩子出现攻击性行为时，父母可以明确地告诉孩子将要面临的惩罚。当然，父母还可以通过讲故事、讲道理等方式，让孩子自己意识到爱打人的行为是不正确的。这样孩子就会主动承认自己的错误，并向父母保证，以后不会随便打人。如果孩子还是没有意识到自己的行为是错误的，这时父母就要实施相应的惩罚。

格格是一个爱打人的孩子，为了改掉她这个坏毛病，妈妈给她规定了相应的惩罚措施。

可是没多久，格格又动手打人了。原本她和邻居家的小妹妹一起玩耍，后来她们两个开始争抢一个布娃娃。格格看那个小妹妹不放手，一生气就打了小妹妹一耳光，还掐了她好几下。小妹妹委屈地哭了起来。尽管如此，格格依然没有停手，她还想去揪小妹妹的头发。幸亏格格的妈妈及时赶到，阻止了格格，并对她说："不许打小妹妹，打人不是好孩子。快向小妹妹道歉！"可是，格格噘着小嘴，不肯道歉。

没办法，妈妈只好把格格抱回家。回到家里，妈妈把好吃的零食、好玩的玩具全部收了起来，并告诉格格两天之内不许出门。妈妈把格格带到房间里，让她坐在小板凳上，很严肃地对她说："格格，你今天打了人，所以必须受到惩罚。从现在起，你只能坐在这里，不许动来动去。"格格嘬着小嘴表示反抗，可是妈妈对此视而不见，只管坐在旁边安静地看书。就这样，过了好长时间，格格终于认识到自己打人是错误的行为，于是向妈妈承认了错误，并保证以后再也不会随便打人。

格格的妈妈对格格的打人行为处理得非常得当，她没有打骂孩子，却让孩子意识到了自己的错误，并且保证不再犯错。

除了以上几条措施之外，父母还应对孩子经常接触的电视节目、电子游戏及书籍进行筛选。孩子的自制力差，极易受一些有暴力情节的影视剧和电子游戏影响，变得有暴力倾向。因此，父母应该禁止孩子观看有暴力倾向的电视节目，不良的电子游戏和书籍也要坚决杜绝。它们都有可能让孩子产生错觉，认为一切问题都可以用暴力解决，伤害别人也能够成为英雄。于是孩子就会产生暴力倾向，一言不合就动手打人。平时，父母还要多与孩子交流，给他灌输正能量，这会减少孩子的暴力行为。

落落大方，克服羞怯心理

　　没有家长不希望自己的孩子活泼开朗，善于交际，讨人喜欢。可是，总有一些孩子喜欢独来独往，更有甚者，家里来了陌生的客人时，孩子会独自躲在自己的小房间里，不肯和客人打招呼。静静就是这样一个小女孩。

　　静静，人如其名，性格文静，不爱与人交往。尤其是在学校或者陌生环境里，静静更是一个人独来独往，半天不和别人说上一句话，使得人们常常忽视了她的存在。

　　过年的时候，家里来了很多客人，静静的爸爸妈妈都在忙着招呼客人。这时，一个客人问："你们家静静呢？我都好长时间没见到她了，应该长高了不少吧？"静静的妈妈这时才发现静静不在客厅，于是就去找她。最后在静静的卧室找到她，她正在一个人玩。

　　于是，妈妈喊道："静静，快点出来，张阿姨来看你了，还给你买了好多好吃的呢。"喊了半天，静静就是不肯出来，这让爸爸妈妈尴尬极了。

静静的爸爸感觉特别没面子，就说了她几句，结果静静噘着嘴，一脸不高兴的样子。最后，爸爸没办法，只好把静静拉了出来。可是一看到张阿姨，静静就躲到爸爸的身后。这让爸爸妈妈十分尴尬，他们认为孩子太不懂事了。

有一位儿童心理专家说过这样一句话："一个社交能力低下的孩子，要比没有进过大学的孩子具有更大的缺陷。"可见，社交能力对于一个人有多么重要。

在21世纪的今天，"人际关系"技能已经被列为孩子的重要技能之一，它体现了孩子的情商的高低。父母千万不要轻视孩子的害羞现象，它会给孩子的人际交往带来巨大障碍。那么，怎么给孩子定规矩才能很好地克服孩子的害羞心理呢？

第一，运用激励效应。即使孩子在人多的场合表现得"不够大方"，父母也不要当场批评孩子，更不能事后给予难堪和指责，最好的做法就是多鼓励孩子。如果孩子某一次没那么害羞，父母就应该及时表扬和鼓励孩子，提高孩子与人交往的自信心，这样孩子就会再接再厉，慢慢地，就不会再有害羞的表现。

第二，父母要多给孩子提供接触他人的机会。父母要想尽一切办法让孩子与别人多多接触，因为孩子接触的人多了，锻炼的机会就多了，慢慢地，他就不会害怕同别人交往，与人交往时就会显得落落大方。比如，父母在周末时，可以约别人来家里玩，也可以带着孩子去别人家做客。如果孩子特别害羞，不妨让孩子多接触同龄人。比如，家里来了小客人，可以让孩子当小主人，招待对方；还

可以经常带孩子参加一些集体活动，让孩子在集体活动中实现自己的价值，并体验与人交往的乐趣。此外，父母还可以给孩子提供与外界接触的机会，比如让孩子去邻居家借东西、还东西等，还可以在孩子生日时让他请一些同学来家里为他庆祝生日等。

第三，要让孩子热情待人。父母要让孩子明白，想要拥有良好的人际关系，就应该学会热情待人。一个热情的人身边总是会有很多好朋友。父母可以给孩子讲下面的故事，告诉他，热情待人的人能让别人感受到温暖，所以大家都会乐意和这样的人成为好朋友。

有一个7岁的小女孩，名字叫亚瑟，她非常渴望有人和她一起玩耍。每次她做完功课就想让妈妈陪她玩，可是妈妈总是说要做家务没有时间陪她。这让亚瑟总是很沮丧，她经常自言自语："为什么总是没有人和我玩呢？"

有一天，亚瑟看见院子里有许多小朋友在一起玩耍，她非常羡慕，她多么渴望能和他们一起玩呀！可是，亚瑟心里非常胆怯，她不敢出去和他玩。最后，她实在忍不住了，就悄悄地走近他们，躲在一辆汽车的后面，偷偷地看着他们。他们玩得那么开心，脸上一直挂着笑容。

受他们的情绪的感染，亚瑟忍不住迈出了第一步，她也要和他们一起玩。可是刚走出第一步，亚瑟就胆怯了，她感觉自己的腿软了，她的心仿佛跳到了嗓子眼。

这时，小朋友们都发现了她，她不得不快步走上前，她的每一步走得都是那么艰难。好不容易走到他们面前，胆怯的亚瑟不敢看小朋友们的眼睛，她结结巴巴地向他们介绍自己："你们好，我叫亚瑟，我想和你们做朋友。"他们中的一个小朋友说道："非常欢迎，以后我们就一起玩吧。"听完这句话，亚瑟没有那么紧张了，她抬起了头，高兴地说道："谢谢你们能接纳我，我们一起玩吧！"于是，他们手拉着手，开始尽情地玩耍。

小朋友们的热情，让亚瑟迈出了第一步。同样，孩子如果热情待人，也会收到热情的回应。因此，父母要让孩子学会热情待人。

第四，父母要让孩子学会主动帮助别人。一个主动帮助别人的人，常常会得到别人的认可和尊重，他的身边一定会有很多朋友。主动帮助别人，不仅容易获得友谊，还会让自己的内心变得充盈和富足，让人产生喜悦之情。

定规矩小妙招：写便条

在日常生活中，人们在不能见面或不方便见面的情况下，会通过写便条的方式来沟通。便条是一种简单的书信，内容比较简洁，通常是临时性的通知、要求、询问等，往往只用几句话就能表达清楚。与书信不同的是，便条不用邮寄，可以托人转交，也可以放在人们可以一眼看到的地方，有的时候甚至可以写在公共场所的留言板或留言簿上。

有的时候，写便条比当面交谈的效果要好。尤其在教育孩子方面，会有意想不到的良好效果。孩子们渴望收到家长的便条，即使孩子不认识字，他们收到来自父母的便条，也会很开心。

稍大一点的孩子也喜欢收到便条，收到便条会让他们感觉非常愉快。他们觉得，收到便条就像"收到一位朋友的来信"。他们认为，父母肯花时间和精力给他们写便条，这中间倾注了父母对自己的爱，因此他们会十分感动。有个少年则说出了心里话，他认为便条带来的最大好处就是"他们不用大声嚷嚷了"。

父母们也十分喜欢通过写便条的方式来与孩子沟通。他们认为这样的方式省时、便捷，而且还能带来许多好处。

比如，一位母亲说以前她常常为同一件事喊好几遍，孩子们都无动于衷，各干各的事，不予理会。她有时候就不管他们，自己去做家务了。后来，她发现，写便条比自己大声喊省力得多。于是，她就在橱柜上放上一沓便笺和装着多根铅笔的旧杯子，以备不时之需。

写便条时，可以以轻松的语气来加强效果，还可以小小地幽默一把。然而，当孩子做错了事，父母的语气通常就不会这么友善了。

有位父亲发现女儿把他刻录的新CD弄坏了，并且还扔在了地上，他实在太生气了。他在给女儿的便条上写道：

×××：

我气坏了！！！

我的新CD未经允许被拿走，上面好多划痕，没法再听了。

气愤的爸爸

过了一会儿，这位父亲收到了女儿的回复：

亲爱的爸爸：

真对不起！我这个周六就去给您买张新的。不管花多少钱，都从我的零花钱里扣。

×××

　　女儿的这个便条让爸爸的怒火平息了下来，孩子也免去了一通处罚。

　　由此可见，用便条和孩子沟通好处多多，父母不妨尝试一下这种沟通方式。